U0498461

人人都能做一门

好卖的课

元兄 著

电子工业出版社
Publishing House of Electronics Industry
北京•BEIJING

内容简介

本书讲透"课程底层逻辑""做课速成技巧""卖课流程套路"三大课程变现核心，提炼出课程制作全景地图，帮助零基础小白轻松做出好学又好卖的课程，是一本帮助有一技之长的"纯素人"通过做课和卖课来打造个人 IP 的读物。

未经许可，不得以任何方式复制或抄袭本书之部分或全部内容。
版权所有，侵权必究。

图书在版编目（CIP）数据

人人都能做一门好卖的课 / 元兄著 . —北京：电子工业出版社，2022.11
ISBN 978-7-121-44386-2

Ⅰ . ①人… Ⅱ . ①元… Ⅲ . ①网络营销 Ⅳ.①F713.365.2

中国版本图书馆CIP数据核字（2022）第189642号

责任编辑：张月萍　　　　特约编辑：田学清
印　　刷：中国电影出版社印刷厂
装　　订：中国电影出版社印刷厂
出版发行：电子工业出版社
　　　　　北京市海淀区万寿路 173 信箱　　邮编：100036
开　　本：880×1230　1/32　　印张：7.75　　字数：188 千字
版　　次：2022 年 11 月第 1 版
印　　次：2022 年 11 月第 1 次印刷
印　　数：10000 册　　　　定价：69.00 元

凡所购买电子工业出版社图书有缺损问题，请向购买书店调换。若书店售缺，请与本社发行部联系，联系及邮购电话：（010）88254888，88258888。

质量投诉请发邮件至 zlts@phei.com.cn，盗版侵权举报请发邮件至 dbqq@phei.com.cn。

本书咨询联系方式：（010）51260888-819，faq@phei.com.cn。

推荐序 1

元兄第一次写书，很多人不认识他，所以，我觉得有必要先给你介绍一下他，再介绍他的书，你读起来才更有收获。

在现实生活中，元兄是个"憨憨"，说话不过脑子，就像"毛坯房"一样，从来不加装饰，所以我们都给他取了个外号"元耿直"。

但只要一说到和做课相关的内容，他整个人的精气神就起来了，完全变成一个超级聪明的人，说话也不"毛坯房"了，而是"豪华精装修房"。

热爱一样东西，即使捂住嘴巴不说，也会从眼睛里发出光来，我经常能在他小小的眼睛里看到这种光。在做课这件事情上，他属于天赋型选手，被老天爷赏饭吃的那种。

这是一本教你如何做一门好卖的课的书，全书围绕"课程研发全景地图"展开，就像一本课程研发的百科全书。所有关于课程研发的问题，你都可以从这本书里面找到答案。

如果你从来没有做过课程，看完一定会发出惊叹："天啊，原来课程是这样做出来的！"

如果你之前已经做过课程，看完一定也会发出惊叹："天啊，课程原来还可以这样做！"

讲技能方法的书，主要有两种：一种是学院理论派；一种是一线实战派。元兄属于后一种。

拿妈妈不烦的课程为例，妈妈不烦是一个致力于帮助每一位妈妈实现自我价值与美好生活的教育平台，在成立不到 3 年的时间里，已经服务超过 30 万的华人女性，估值超过 20 亿元，元兄作为妈妈不烦课程研发总负责人，就是完全按照"课程研发全景地图"来研发我们的所有课程的。在一起共事的过程中，他总是能给我很多意料之外的惊喜，这种惊喜就像是我本来只想要一棵树，但他却可以给你整片树林。

妈妈不烦的爆款课程《女性财富榜样计划》，没投放过一分钱的广告，没有各种眼花缭乱的促销套路，甚至连个像样的课程详情页都没有，纯靠内容，却支撑单门课程的年销售额达到惊人的 1 亿多元，可想而知，课程内容质量到底是有多硬。

妈妈不烦成立以来就有这样的传统：不请名师，也不主打名师，而是依靠过硬的课程品质和独创帮助学员快速成长的教学体系。所以，我们不请名人名师代言，学员自愿担任我们的品牌代言。

我们之所以有这样的底气，是因为学员学完的口碑极好，满意度高达 4.7 分（满分 5 分），NPS 值（净推荐值）接近 70%，而整个行业的平均水平也不过 50%。也就是说，有充分的结果去验证，元兄的做课方法论非常靠谱。

《人人都能做一门好卖的课》本质上不是一本书，而是一门课，一本书的价值可能只有几十元，而一门课的价值却可以是 5000 元，如果你有幸翻开这本书，请不要把元兄当成作者，而是要把他当成你的讲师，作为爆款课程的制作机，他会跟你娓娓道来一门爆款课程从 0 到 1 是如何生产出来的。

期待你把一本几十元的书，读出 5000 元的价值。

王不烦 于深圳
"妈妈不烦"创始人
2022 年 9 月

推荐序 2

IP 商业化第一步：不妨从制作自己的课程开始

虽然这本书叫《人人都能做一门好卖的课》，但我认为这本书是写给"IP"的——已经打造个人品牌，或者希望打造个人品牌的人。课程是 IP 的商业化手段，或者课程就是一位"素人"成为 IP 的重要方式。比如你已经有一些粉丝，但不知道怎么变现，你可以通过课程来变现；或者你有一技之长，或者在某个领域有深入的研究和心得，你可以通过制作一门课程来树立自己的形象，打造自己的独特定位。

我自己是这本书的理念与方法的受益者。2006 年我就进入互联网行业，开始翻译与写作，受益于社交媒体。在 2009 年新浪微博刚内测时就已经是微博排名前 20 的博主。那个时代当一名博主更大的动力来自自我表达与社会影响力。后来随着社交媒体开始商业化，很多博主直接奔着变现而来：比如开设一个美妆或汽车账号，每天分享美妆或汽车的干货与心得，从而获得美妆或汽车领域的广告投放。这是很长一段时间内一位博主的变现方式：广告。

从 2015 年起，博主们有了新的变现手段：课程。当然，享受第一波红利的，其实并不是社交平台上的博主们。更多的是各行各业的专家。当时那一波涌现的知识付费平台有得到、喜马拉雅、荔枝微课、在行等。我是在行最早的一批行家，当时我的收费咨询话题是"如何通过写作打造个人品牌"，一年后收费标准就变成 4500 元 / 小时，一跃成为在行平台最贵的行家。我也算是付费咨询的最早受益者之一。

知识付费这种商业模式的出现，对我是莫大的帮助。这意味着我可以把自己的手艺做成可商业化的产品，放到市场上去直接交易。将自己的一技之长制作成产品，这是我开始制作课程后的第一个收获。

当时有很多做自媒体的大 V 通过在行来约见我，一个很重要原因的就是我有传统媒体的训练和经历，做自媒体出身的人网感好、懂传播，有些也是运营能力见长，但持续的内容创作与内容输出很容易碰到瓶颈。因为自己最早在传统专业媒体浸淫，这些对我来讲这些不就是常识吗？通过知识付费，让我有了第二个收获：通过大量的个案，更直观地了解到用户需求。

在那个时候，还没有一本书来教人们如何制作自己的课程。我只有用笨办法、土办法，一步一步自己摸索。读完元兄这本书，我发现自己经历过的这些环节，他在书里都有详细总结。

首先，这本书专门提到，很多人并不知道自己的一技之长很值钱。通过将自己的技能放到一个平台去售卖——竟然真的有很多人为此买单，且愿意为此付高价，说明有真实的市场需求，并且市场需求还很强烈。

其次，在这本书里还提到，很多人并不知道如何去演绎自己的一技之长，说白了，也就是如何将一技之长转化为商业化产品的能力。书里有专门的篇幅谈到，也是做课的必备技能之一：如何做经验萃取。

再次，在这本书里，作者还提到做课必备技能之二：小白思维。我可以用另一个词来表述小白思维，那就是用户思维。具有一技之长的人或者专家型的人，容易陷入产品思维。如果你不了解用户，你的专长反而会成为劣势，因为别人听不懂你的专业表达。

2017 年，正是知识付费高速上升期。7 月份的时候，我在李笑来的"一块听听"平台发了一篇宣传课程的文章之后，就获得课程销售额超过 30 万元的成绩。随后，几个大平台都找过来希望与我合作，因为精力的关系我选择了其中一家，全心投入打磨好自己的课程产品，当时平台要求 11 小时左右的课时量即可，但我硬生生做了 22 小时的课时量。一方面自己积累了十多年的实践，有话要讲；另一方面，自己实践过程中也产生了许多困惑，在制作课程时，深入翻阅了超过一百多本书，顺便给自己解答了许多疑惑。

这段经历，给我积累了完整制作一门课程的经验。

但这一段时间，自己同时产生了更多的疑惑：比如，系列课第一节有将近 100% 的听课率，但是到了最后一节（一共 65 节），也就是课程更新到将近半年的时候，只有不到 20% 的人来听课。

我对商业有一个朴素的认知：无论什么产品，如果没有复购、没有续费，这个产品不就没有生命力了吗？为什么星巴克已经这么有名、这么火了，却依然还有那么多新的玩家进入咖啡赛道？很简单，一个咖啡用户，每天喝上一两杯，这个生意总是可以持续的。但课程不一样，制作完一门课程，如果用户连课都没听完，怎么谈复购呢？在元兄的这本书里也谈到了他的解决方案：如何提高转介绍，如何提高复购，他都有自己的方法和实践。

我对 IP 的理解是，一个 IP 是一个品牌，一个品牌是需要有自己的定位的。我是个人品牌最早的受益者，从 2006 年就开始实名上网、在网上翻译、写作，通过发表文章给自己带来无数的机会，包括大平台的工作机会、广告合作机会、在大平台售卖自己的课程机会、为 IP 提供商业咨询的机会等等。所有的机会都是因为我一直持续在网上实名输出内容、输出价值。

我看到大量的博主、IP 开始在社交媒体积累粉丝，但他们会碰到我一开始做课程时碰到的所有问题：

- 有粉丝，但是除了广告和带货以外，如何制作一门课程来变现？
- 知道大概要制作一门什么样的课程，但是市面上已经有很多同类型的课程，怎么找自己的差异化？怎么找到自己的优势？
- 找到了差异化和优势，不是用户想要的怎么办？
- 课程优势也有，也击中了用户需求，可是用户完课率很低怎么解决？
- 一门课已经卖得很好了，完课率也很高，可是怎么提高用户的复购、如何提高用户的转介绍？
- 用户开始提出各种各样的需求，我是坚持单品类垂直深耕，还是要横向扩张提供多品类？
- 为什么自己的课程只能卖几百块，别人的课能卖几千、甚至几万，他们是怎么做到的？我能怎么做到？

......

从 2015 年开始，我都在不断面对这些问题，并且找出了自己的路径。当听说元兄要写这么一本书时，我是特别鼓励和支持他的。现在很多的 IP，正在进入自己的第一个周期。从 BBS 时代开始算，我经历了 BBS、博客、社交 SNS、微博、公众号、短视频等六代社交媒体的兴替，再算上纸媒（媒体 1.0）、网媒（媒体 1.0 的网络化）、今日头条（媒体 2.0）以及更"古老"的图书，至少 10 种最主要的媒介传播形态都是亲历者和深度参与者。

基于传统主编视角和基于平台算法的推荐和商业化，围绕 IP 个体内容的粉丝获取、运营和商业化，每一个环节都有完整亲历，深入理解大平台的运行机制，以及我自己也是从 IP 小白到成为一个细分领域的强专家型 IP，能对每一位想成为 IP、已经是 IP 但对 IP 成长路径中有困惑或者对平台有不够理解的地方，都能给与相应的帮助。基于这个背景再来看这本书时，我认为这本书出现得正当其时。这个选题和这方面的内容，需要有更多"老司机"传授经验，帮助博主和 IP 们少走弯路。

每一个 IP 先制作出一门专属于自己的课程，是自己商业化过程的第一步，也是让自己专家化的第一步；如何在行业里树立自己独特的定位并获得更好的商业成果，则是每一个 IP 在不断经营自己的过程中需要不断思考和探索的命题。关于这方面的经验，我有不少心得和思考，也有不少案例。限于篇幅就不在这里展开，有兴趣的朋友可以通过其他方式来找我交流。

最后，强烈建议各位认真阅读此书。元兄有教育理想、遵循教育规律，并与多位不同行业专家合作制作过 30 多门课程，他懂市场、懂营销、懂课程设计，很多懂市场的人不懂产品，很多懂产品的不懂市场和营销，但元兄是极为难得的三者兼备的人。

相信你通过读他这本书就能感受得到。

如果你是教育人，可以从这本书里看看如何将教育商业化；如果你是商人，那么你要读一读如何做好一款教育产品。制作一门课程和制作一碗米粉、生产一套家具，还是挺不一样的。相信每一位读者阅读之后会有自己的收获。

师北宸

"一把钥匙"创始人

师北宸内容咨询创始人

小鹏汽车内容顾问

长江商学院教育发展基金会品牌顾问

凤凰网科技频道前主编，纽约时报中文网专栏作家

前 言

为什么人人都要做一门
自己的课程

每个人都有自己的一技之长，那是安身立命之本。但拥有相同技能、相同水平的两个人，收入水平却有着天壤之别。

小明和小强都是视频剪辑的高手，并且以视频剪辑谋生，小明月入8000元。小强月入10万元，如果你是小明，你会怎么想？仅仅是同人不同命吗？到底是哪里出了问题？

视频剪辑是一种技能，技能是没有竞争壁垒的。你觉得你已经很牛了，其实全世界比你牛的高手太多了，只是你不知道而已。

利用技能赚钱是一种思维，思维不同，赚钱的路子就不同，这才是真正的竞争壁垒，也是小明和小强收入差距悬殊的根本原因。

同一种技能，有很多种赚钱方式。这些赚钱方式根据收入的高低，大概可以分为四种。

第一种，利用这种技能找一份对口的工作，你的收入就是你的工资。比如，小明在大厂担任视频剪辑师，固定工资为8000元/月。

第二种，在工作之余，利用这种技能做兼职。你的收入是工资＋兼职。小强除了和小明一样上班，在下班后还给有需求的人剪辑视频，每个月能赚 3000 元的外快，加上工资，月入 11 000 元。

第三种，当你的技能越来越高超时，不仅自己能运用这种技能，还能教别人掌握这种技能。小强就是这样做的，他开发了顾问咨询的业务，手把手教别人剪辑视频，这种收益是兼职的 2 倍，月入 6000 元，累计起来收益就达到 17 000 元了。

第四种，把自己掌握的技能做成课程进行售卖。小强把自己的剪辑技能做成一门名为《零基础小白轻松入门的剪辑课》的课程，上架到抖音、荔枝微课等平台进行售卖，定价 69 元，平均每月能售出 1300 多份，纯卖课就月入近 10 万元，是工资的 11 倍多，年收益超百万元。

看到这，你是不是觉得，再不做课，就要错过年入百万元的机会了？

课程是打造个人品牌的最佳变现"武器"

为什么越来越多的人要做自己的个人品牌？因为现在的人越来越不爱打工了。你问他们"为什么不爱打工"，回答都是"天天'996'、跟同事合不来、和领导闹矛盾、工作没成就感、升职加薪没希望"等。

但不打工生存容易出问题，连最基本的吃饭自由都做不到。当你把一个人的职业生涯拉长来看时，其发展轨迹大概可以分为三个阶段：

苟且打工→兼职副业→自由职业。

其中，兼职副业和自由职业统称为灵活就业。

大众网曾做过一个数据统计：我国灵活就业人数已经超过两

亿人，而其中"90后""00后"的占比超过50%，也就是说，每两个"90后"或"00后"中，就有一个是灵活就业者。还有一个数据更加夸张：有40%的白领正在做兼职副业，或已经转行做自由职业。"不务正业"不再是一个贬义词，而是一种潮流。

灵活就业有两种形式：单利和复利。所谓单利，是指一次付出，一次收益。比如，你在下班后兼职做网约车司机，或兼职做麦当劳服务员。而复利，是指一次付出，长久收益。比如，你出了一本书，做了一门课，投入一笔资金。我们可以把付出当成一个点，把收益当成一条线。

单利的付出收益模型是无数点连成的一条线，点一旦停止，线就不会延续，因此没有持续性，赚的都是辛苦钱。

复利的付出收益模型，则是由一个点和一条无限延长的线组成的。这条线就像数学里面的π，后面的数字是永远没有尽头的。

除了缺乏持续性，单利职业还有一个致命的缺陷——创造的单位时间价值几乎是一成不变的。你现在开网约车，一小时赚100元，5年后，一小时还是只赚100元，甚至有可能因为平台分成比例提高，你都赚不到100元了。

虽然单利职业存在缺陷，但一个非常有趣的现象是，超过90%的人会从事单利职业。

这是为什么呢？原因很简单：

第一，门槛低。做服务员不需要什么资质，只要你愿意做就行。

第二，变现快。付出一次就有一次的收入，兼职服务员按小时计算工钱，还当天结算。

第三，不用动脑。动脑比动手更加消耗身体的能量，而人又天生"好吃懒做"，能动手就不动脑。

一个人在 20 岁的时候做单利职业没有任何问题，它能帮助你完成职业生涯初期的原始积累。但一个人到了 30 岁还在做着单利职业，那他就需要加油了。

所以，我经常对别人说，别天天抱着单利职业"吃不饱，饿不死"了，赶紧开启你的复利职业吧，那才是你下半生的光荣与梦想。

可是，他们也很焦虑和迷惑：复利职业那么多，不知道做什么。

不知道做什么，那就去做课吧。那是无论何时何地都不会做错的一件事情。

不是因为我是教别人做课的才这么说，而是我发现，课程能带给你的复利，远远超出你的想象：

（1）零成本，更赚钱，利润高，把一份时间疯狂售卖，而不是不停地出卖你的时间和苦力；

（2）课程可作为你认识各行业"牛人"的通行证，并作为你个人品牌的名片，其含金量不比出版一本书低；

（3）职场人士可将课程作为自己未来晋升的加速器。试想一下，当你想进入大厂，HR 问你用什么证明你有能力胜任某个岗位时，你可以直接说自己做了一门这方面的课程，这比你花一小时去解释强太多了；

（4）如果你有很好的产品，却卖不出去，你可以把产品做成课程来引流获客，课程是极好的流量变现产品；

（5）课程做得越久越有沉淀，不必盲目追赶风口与红利，在这个时代应积累自己的核心优势与不可替代性。

我始终认为，有趣的事容易褪色，但有用的事往往能持续很久。而做课就是非常有用的事。

这等于什么呢？等于我把过去 5 年赖以生存的"吃饭家伙"，通过本书，毫无保留地分享给你。

这本书怎么帮你做一门好卖的课程

本书一共分为四个部分。

第一部分，讲课程的底层逻辑。这是做一门课程的基础准备，也直接决定了你对做课这件事情的认知高度。

做课本身不难，也不玄乎，你要是硬逼自己，也能做出一门课来。但做出来的课，质量好不好，受不受欢迎，能不能爆卖，差距就在于你对做课的认知高度到哪里。

第二部分，讲如何把你的一技之长转化成课程。一个人对自己的能力优势太熟悉了，觉得很简单，没什么技术含量，要是别人想学，恨不得免费教他，要是把它做成一门课程，付费教他，反而觉得不好意思。

其实，人往往会低估自己的价值，你所拥有的经验，对你来说不算什么，但对别人来说可能很有价值。你把你的经验卖给他，能帮他更快地获得想要的结果，省钱、省时间，提高了社会效率，你真正为生产力发展做了贡献。

所以，千万别"抱着金饭碗乞讨"。我会教你用小白思维去梳理自己的个人优势，再用 CASST 模型把你的个人优势转换成课程。

第三部分是本书最重要的内容，教你如何快速做出人生的第一门课程。课程制作全景地图一共涉及五个核心要素：出发、登顶、达成路径、内容和交付。

这套课程制作全景地图，能帮助零基础小白在短时间内制作一门"叫好又叫座"的课程。

第四部分讲如何把你制作出来的课程卖出去。课程跟艺术作品不一样，不能留着独自欣赏。课程只有卖出去，才能真正产生价值。在这部分，我会重点解决关于卖课的四个问题：课程的价格怎么定、如何设计课程宣传的"标准三件套"、课程去哪里卖，以及如何盘活身边的卖课资源卖更多的课程。

这是一本讲透"课程底层逻辑→做课速成技巧→卖课流程套路"的书，如果你想做课，那么本书一定可以成为你做课过程中超实用的指导手册。

课程是一个很神奇的东西，往小了看，它能改变你的人生，往大了看，它能让你改变无数人的人生。

我就是被课程改变人生轨迹的人，希望下一个人是你。

还等什么？为了做出人生的第一门课程，开启这本书的阅读之旅吧。

目 录

第 5 章　如何把课程卖爆

后记

做一门课程必须掌握的底层逻辑

在学习做一门课程的技能之前，我们必须先掌握做一门课程的底层逻辑，即对课程是什么有一个基础的了解。

这就像你要去追一个心爱的人，你必须先知道她叫什么名字、性格特点是什么、喜欢什么、忌讳什么、闺蜜是谁、日常的活动轨迹在哪里，等等。

在第 1 章我将会告诉你课程的定义是什么、课程有哪几种分类、全网卖得最火的课程有哪些、评价一门课程好不好的标准有哪些，以及如何打造你的课程产品矩阵。

1.1　重新认识课程

1.1.1　课程的定义

很多人对课程的认知还停留在自己上小学、初中、高中、大学时那种老师在讲台上教、学生在下面学的阶段。

这是狭义的课程的概念。狭义的课程专指学校传授的有助于学生积极健康发展的教育性经验。

而本书要讲的是广义的课程：指一种教育性经验，是对客体产生积极影响的各种因素的总和。

这里有 3 个关键词：

教育性经验

课程的本质是经验的分享和传授。你先有经验，才能做课，经验是研发课程的前提。而知识储备是经验的一部分，所以，只要你有知识储备或者一技之长，就可以做课。

你是企业管理者，可以教别人如何管理企业；你是中医，可以教别人如何用中医知识养生；你是高效阅读的重度用户，可以教别人如何高效阅读。

经验根据熟练程度可以分为 7 个等级，这 7 个等级从低到高分别为：小白、新手、熟手、高手、专家、大神、权威。

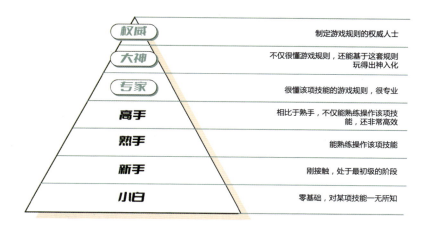

在这 7 个等级中，分水岭是专家。从小白到高手，都还停留在以技能水平高低为评判标准的阶段，而专家、大神，则不需要以技能水平论高低，或者说，技能水平对他们来说只是基本要求，他们更多的是对该领域游戏规则的掌握和应用。

这就给大家带来一个误解，以为只有达到专家、大神的层级，才有资格做课，才能当别人的老师。其实不是，对小白、新手来说，专家、大神离他们太远了，够不着。

做课的本质是领先半步的逻辑，你只要达到熟手的水平，就可以把掌握的经验梳理成课程，去教小白和新手。

积极影响

做课，意味着你会成为一名老师，你就要有为人师表的风范，你教的内容一定要有积极的影响力。

虽然现在是一个吐槽成为网络主流的时代，但这不是你制作低俗的喜剧式内容去博取学员眼球的理由。

你可以轻松幽默，也可以有趣搞笑，但价值观一定要正确。除了拒绝低俗，还要对知识、对课程保持基本的敬畏之心。

我见过不少同行，藐视学员，随便在网上弄点内容制作成课程，就可以卖课了。

这就是别人眼里的"割韭菜"，或者收别人的智商税，偏离了我们所说的"三观正"。

各种因素的总和

这也是广义的课程跟学校教育不一样的地方。在学习广义的课程时，学员不仅学习知识，掌握技能，还可能认识志同道合的伙伴，加入高质量的圈子，获得某种稀缺资源，改变人生的轨迹等。

学员在报课的时候，本来只要一根绳子，最后拉出来一头大象。

当初我做《探店达人培养计划》这门课程的时候，初衷很简单，就是把零基础小白培养成一个可以接到稳定商单的探店达人。但很多学员跟我反馈，他们在接商单的时候认识了很多餐饮店老板，扩展了他们的朋友圈人脉，这是他们在报课之前没想到的。

1.1.2　课程的分类

课程类型有很多，五花八门。即使讲同一主题的课程，老师不同，课程形式也不一样。比如，写作课程，有的只有学，有的包括"学＋练"；有的线上学，有的线下学；有的配置写作教练辅导，有的没有写作教练辅导。

为了让读者对课程有更加全面的了解，我们尝试从不同的维度对课程进行分类。

（1）根据课程研发的目的，课程可分为分享课程、培训课程和盈利课程。

分享课程

分享课程是免费课程，不以赚钱为目的。愿意做分享课程的，一般有两种人。

一种是有强烈分享欲的人，这类人很乐意跟别人分享自己的知识和经验，别人的收获感，就是他最大的成就感。

一种是有社会责任感的布道者。比如，很多老师发现贫困山区的孩子买不起线上课程，就研发了一套针对这些孩子的课程，免费分享给他们。再比如，百度创始人李彦宏在得到上线一门免费课程《智能交通7讲》，他做这门课的初衷，是觉得自己有义务让更多人知道智能交通的前沿信息，吸引更多的人才加入这个行业。

培训课程

培训课程主要出现在企业内部，用于员工的培训，或者给合作商做培训。

员工培训很好理解，合作商培训大家比较少见。我举个例子，一些技术型企业的技术难懂，操作复杂，合作伙伴根本不懂，所以它们通过制作一系列课程，免费给潜在合作伙伴做培训，既帮助他们掌握了技术，又给自己的产品做了广告，一举两得。

盈利课程

盈利课程是用来售卖的商业化课程，这种课程最常见。现在出现很多专业卖课的平台，如得到、樊登读书、千聊、荔枝微课、腾讯课堂等。这些平台上课的形式多样，有录播课、直播课、语音课，甚至直接在社群里面上课。

盈利课程是本书重点要讲的课程类型，针对学员年龄的大小，可分为学前课程、K12 课程、成人课程。

学前课程

学前课程是聚焦于婴幼儿的能力开发的课程。比如，开发大脑的课程、开发语言能力的课程、感统培训课程、社交能力培训课程，等等。

学前课程最大的特色在于，学习者和付款者不是同一个人，付款者是父母，学习者是婴幼儿。所以在做课程研发的时候，既要考虑儿童自身能力的发展，也要考虑满足父母的消费需求。

K12 课程

此类课程的培训方向主要有两个：专注于培优、补差、提分、升学的应试方向；拓展个人能力的兴趣方向。

"双减"政策给应试方向的课程培训画了一条红线，无论你多么擅长和热爱这个领域，都必须绕道而行，可以转向去做拓展个人能力的兴趣课程。

我有一个学员，她之前是某大型教育辅导机构的语文老师，"双减"之后失业在家。在我的建议下，她果断放弃语文课程，开始做青少年时间管理训练的课程，现在做得风生水起，收益比做语文课程时也好很多。

成人课程

面对成人教育研发的课程叫作成人课程。2016 年被称为"知识付费元年"，是成人课程爆发的分水岭，越来越多的成年人接受并主张"终身学习"的理念。

成人课程的细分领域很多，如职业技能课程、"考研""考公"的助考课程、家庭教育课程、情感沟通课程等。只要你想学，就一定能找到满足你学习需求的课程。

中商情报网显示，2022 年成人教育的市场规模达到 13 271 亿元，是新形势下最热门的教育赛道。

（2）根据上课的形式不同，课程主要分为两种：线上课程、线下课程。

线上课程

线上课程就是在线上完成学习交付的课程。线上课程主要有 3 种形式：录播课、直播课和社群图文语音课。

录播课是指讲师提前把课程录制好，再上架到平台。学员在报名后，可以直接听课。录播课的好处是没有上课时间的限制，学员可以充分利用碎片化时间进行学习，缺点是缺乏互动和反馈，学习问题不能即时解决，一旦课程内容太枯燥，就容易让学员坚持不下去。所以，你会发现，学员在买课之后没学习的情况特别常见。

直播课是指讲师在特定的时间段进行直播授课。直播课在"95后""00后"的群体中特别受欢迎，因为他们能跟讲师实时互动、评论，有任何学习疑问都可以当场解决。缺点是有时间限制。在直播时间内，很多学员未必有空，学员的倒播率，一直是令做直播课的人很头疼的问题。

社群图文语音课是指讲师直接在学习社群里面上课，上课的方式以语音为主，以图片和文字为辅。这种形式最大的好处是能照顾到学习社群里的每一个学员，在课程结束后，学员也可以在学习社群里面实时分享学习心得。上课期间不在线的学员，在课后可以通过"爬楼"的方式复习课程内容。它的弊端是不像传统意义上正儿八经的课程，学员缺乏一种"上课体验"，很多人不愿意为这样的课程形式付费。

线下课程

线下课程是指在线下完成学习交付的课程，类似于我们上学时候的上课形式，只不过把上课地点从教室搬到了酒店会议厅。

线下课程的核心要素有两个：上课规模和上课时间。

上课规模从几十人到几百人不等，当然也有千人大课，但极少。

上课时间最短的有半天，最长的有 5 天，5 天是线下课程的极限。一来线下课程的成本非常高，二来很多学员都有自己的事情要忙。最常见的是两天的课程，一个周末的时间就上完了。

注意，线上课程和线下课程并不是完全割裂的，两者可以互为补充。有不少课程，包含了线上课程和线下课程，线上课程重视理论学习，线下课程重视实操互动。比如，我之前研发的《知乎图文稳赚计划》课程，先在线上学习 30 天，然后到线下学习 2 天 1 夜。

（3）根据课程后续服务程度的轻重，课程可分为纯享课程和训练营课程。

纯享课程

纯享课程就是单纯的学习课程，不带任何学习服务。得到 App 上的课程都属于纯享课程。比如，用户花 99 元购买《跟熊浩学沟通·30 讲》，就是单纯购买了 30 节的沟通课程。

训练营课程

训练营课程是纯享课程的升级版，除了课程内容，重点是训练营的权益服务，权益服务主要包括社群服务和"N 师模式"。

社群服务是指在学员报名之后，运营负责人会把该学员拉到学习社群里并为其提供服务。学习社群就像线上的一个虚拟班级，有学员和讲师，学员之间可以随时交流学习心得，学员有问题也可以随时问讲师，学习起来不孤单，营造良好的陪伴式学习氛围。

"N 师模式"是指在学习期间，有多个讲师来共同指导学员学习。最常见的是双师模式、三师模式和四师模式。我们以最经典的三师模式来举例，三师分别为班主任、教练、讲师。

三师分别承担不同的教学任务。

班主任——维护社群的学习秩序,解决学员日常的学习问题,包括学习情绪问题,督促学员赶上学习进度,起到陪伴式督学的作用。

教练——提供技能方面的专业指导,辅助学员实操演练。这个角色和健身房教练是一样的,手把手地教学员每一个"动作",从而降低学习难度和提升学习体验。

讲师——课程主讲人,除了讲课,还负责训练营期间的直播答疑。讲师是一门课程的名片,确保了课程内容的质量,因此很多人报名主要是奔着讲师来的。

1.2　重点聊聊商业化课程

你有没有付费买过课程?

你有没有反思过,刺激你买课的真正原因是什么?

很多人说,我买课就是为了学习知识,提升自己。真的是这样吗?如果只是为了学习知识,你根本不需要买课。因为获取知识的方式基本上是免费的。举个例子,在百度、抖音上搜索牛顿第一定律,你可以得到很多相关内容,得到它们毫无门槛。

但是,如果你能根据牛顿第一定律设计出一套企业管理方案,那价值就大了。企业管理方案不是知识,而是具体问题的解决方案。

作为用户,你根本不需要学习牛顿第一定律,反正在现实生活场景中也用不上。但你非常需要一套实用的企业管理方案,这和你的日常工作和升职加薪息息相关。

当你真正去研究用户购买课程的底层动机时，你会发现，用户之所以购买课程，是因为遇到了自己无法解决的问题，想通过学习找到解决方案。

比如，你购买学习沟通课程，表面上是为了学习沟通知识和方法技巧，实际上是为了解决糟糕的人际关系问题。

所以，在设计一门课程的底层逻辑的时候，不要试图给别人普及太多的知识，没有人喜欢生活中用不到的知识，他们真正需要的是问题的解决方案。

解决问题是一切课程的根本，学习知识只是问题解决过程中的顺带结果。

至此，我试图给商业化课程重新下一个定义：

商业化课程是给用户提供特定解决方案，满足用户特定学习需求的产品。

为什么要用"特定"？因为每一门课程都有一个选题，一个选题只能解决一类问题，满足一类需求。比如，声音课程，只能解决声音问题，解决不了情感问题，也解决不了新媒体运营的问题。

从课程定义来看，课程本质上是一种虚拟产品。所以，评价一门课程好还是不好，要回归到评价一款产品好还是不好的标准上来。总结起来，评价一门课程有 4 个标准。

1.2.1　评价一门课程的 4 个标准

标准 1：能不能解决用户的痛点

什么叫痛点？痛点是指用户在体验产品或服务的过程中，因对产品或服务的期望没有得到满足而造成的心理落差或不满。这种不满最终在用户心智模式中形成负面情绪并爆发，让用户感觉到"痛"。

但在做课时，你可以把痛点简单理解为给用户带来痛苦的点。这个给用户带来痛苦的点如果不及时解决，就有可能影响到用户正常的工作和生活。

比如，婚姻陷入危机，如果夫妻双方不改善彼此之间的亲密关系，就有可能最终以离婚收场。而你刚好研发了一门改善亲密关系、拯救婚姻危机的课程，那么对用户来说，这门课程价值千金。

再比如，下个月就要考研了，如果考研失败，就等于过去一年的努力白费了，用户会受到严重打击，萎靡不振。而你刚好有一门逢考必过的考研秘籍课程，助力用户一路过关斩将，那么这门课程想不畅销都难。

用户解决自身痛点是刚需，就像用户生病了，不得不花钱治病，而你的课程就是一剂良药。解决用户痛点的课程最畅销，最容易卖出高价，售卖的说服成本也最低。

标准 2：能不能缓解用户的焦虑

焦虑是每一个人都有的情绪，它来自追求完美和现实落差之间的冲突，冲突越大，焦虑程度就越大。

最近几年很火的减肥美容课程，缓解的是用户的镜像焦虑。什么叫镜像焦虑？就是用户明明长得不丑，但心底里就是觉得自己很丑，需要不断地通过减肥、美容来变美。

再比如，最近一段时间，你的工作发展遇到瓶颈，升职加薪没希望，辞职跳槽没方向，每天都很迷茫。这时候，你刚好看到一门职业发展规划的课程，马上就报名了。因为你认为这门课程能帮助自己突破职业瓶颈，缓解迷茫情绪。

标准 3：能不能满足用户的需求

需求和痛点有点相似，但重要程度不一样。痛点是必须解决的，如果不解决，就会严重影响到你的正常生活；需求是你很想解决的，但如果不解决，并不影响你的正常生活。

市面上很多兴趣类和技能提升类的课程，就是在满足用户的需求。比如，某歌唱演员的音乐课就是这样，如果恰好你又是一位音乐爱好者，它就满足了你喜欢音乐的需求。但如果你当前手头紧，可能不会报这门课，因为即使不学这门课，也影响不到你的正常生活。

所以，需求类课程不属于刚需产品，对用户来说属于改善型产品，售卖的说服成本相对比较高。此外，用户对需求类课程的预期很高，课程质量不好，很容易面临投诉和口碑评价差等一系列问题。

标准 4：能不能实现用户的梦想

福格，斯坦福大学行为设计实验室创始人，行为设计学创始人，深入研究人类行为超过 20 年，提出了轰动世界的并以自己名字命名的"福格行为模型"。

福格行为模型告诉我们，一个行为的产生，一定受到动机、能力和触发三个要素的影响，基于此，福格整理了一个行为模型的公式：$B = M \cdot A \cdot T$。该公式中的每个字母分别表示：

B（Behavior），代表行为；

M（Motivation），代表动机；

A（Ability），代表能力；

T（Triggers），代表触发。

举个例子，你买课这个行为，首先是触发，也就是你从某个渠道知道了这门课程；接着是动机，你觉得这门课程很好，很适合自己，很想报名；最后是能力，你有足够的钱购买这门课程。

三个要素只要缺一个，这个行为就不成立。其中，能力和触发属于课程运营的范畴，课程研发主要解决动机的问题。

有两种情绪可以激发人类的强烈动机：一种是逃避恐惧；另一种是追求梦想。

所以，能不能实现用户的梦想，也是评价一门课程好不好的重要标准之一。

前几年特别火的理财课程，打的就是"在 7 年内赚到人生的第一个 100 万元"的宣传口号，刺激的是用户心中实现财富自由的梦想。

还有副业变现或者自由职业的相关课程，主张一个人一部笔记本电脑，摆脱朝九晚五、拿死工资的平庸生活，实现全球旅游式办公的理想生活。

有不少人非常认可和崇拜某位讲师，无论这位讲师出什么课程，他们都会购买，他们不是奔着课程内容去的，而是奔着讲师本人去的。这种购买行为的底层动机，就是希望自己有一天能成为像讲师那样的人，或者想通过购买课程，拿到进入讲师圈层的敲门砖。这些都是为了实现梦想的具体表现。

我们来总结一下，评价一门课程好不好的标准有 4 个：能不能解决痛点，能不能缓解焦虑，能不能满足需求，能不能实现梦想。

一门课程只要能达到 4 个标准中的一个，大概率就不会差。但如果你想研发一门课程来卖，那么这 4 个标准就一定要有个优先级，优先级的顺序是这样的：

解决痛点＞缓解焦虑＞满足需求＞实现梦想

简单来讲，当你准备研发一门课程的时候，你要重点考虑并且优先研发解决用户痛点的课程，如果不能，接着再考虑研发缓解用户焦虑的课程，以此类推，最后才轮到去研发实现用户梦想的课程。

我不建议个人去研发实现用户梦想的课程，除非你的品牌势能很强，自媒体号召力很大，或者你已经有 1000 个铁杆粉丝，否则，你自己的梦想都还是空中楼阁，又怎么可能带领大家实现梦想呢？

那么，我为什么把解决用户痛点放在第一位？原因很简单，解决用户痛点是刚需。所以，你卖课的说服成本很低，不用苦口婆心地向用户介绍你的课程有多好、多牛。你只要跟他们说，他们现在之所以有这些痛苦的症状，是因为得了什么"病"，你这门课程能帮他们"治病"就够了。

1.2.2　商业化课程都在教什么

前面我们讲过，课程的本质是给用户提供问题的解决方案。所以课程要承担的核心任务是教会学员解决问题的能力。能力 ＝知识＋技能＋才干。

所以，课程主要涉及 3 个方面的内容：教知识、教技能、教才干。

教知识

知识是指某个学科或某个领域的概念、理论、原理、公式、定律、流程、手册等基础内容。比如，"回"字怎么写，拼音怎么读，英文是什么，都属于知识的范畴。

简单来讲，知识就是你所知道的内容。对普通人来讲，学习知识就是去增加对事物的了解，扩充见识并获得启发。

教知识的商业化课程主要有两种。

一种是应对考试、考证、考学历的课程。比如，教别人如何快速通过研究生考试的课程、教别人如何轻松拿到会计师从业资格证的课程等。这些课程都有一个特点：教的知识可能你一辈子都用不上，但能让人获得学历和证书。

另一种是对旧知识进行全新演绎的课程。比如，董梅讲透红楼梦、华彬讲透孙子兵法、薛兆丰的经济学课、傅佩荣的西方哲学课等，都属于这种课程。这些知识都是已经存在的知识，讲师只不过结合现实场景、现代语言，从全新的视角重新演绎了一遍，给学习课程的人新的启发和感悟。

教知识的课程最重要的是将枯燥、晦涩的知识进行趣味化、生活化、场景化和接地气的讲解，大大降低用户对某些概念、定律的理解难度，让他们能够一听就懂，从而增强学习体验感。

我们在大学的时候学过科斯定理，但学完之后还是懵懵懂懂，不知道什么叫"达到社会效益最大化"，也不知道什么叫"实现资源配置的帕累托最优"。

但薛兆丰在他的经济学课中讲科斯定理的时候，就给了用户一种耳目一新的感觉。他用一句话就说明白了什么叫科斯定理。他说科斯定理的含义就是"谁用得好就归谁"。接着他举了很多生活中常见的例子。比如，钻石最开始是由工人打磨的，但最后都跑到了"白富美"的脖子上，谁用得好就归谁。

知识类的课程有一个特点，即制作门槛很低，但出品标准很高。虽然都是已有的知识，只需要整理、归纳并重新表达即可，但真正考验的是课程制作者萃取知识的真功夫。

所以，教知识的课程适合老师、学者、专家等学术派来做。当然，如果你个人的知识萃取能力和演绎能力很强，也适合制作知识类的课程。

教技能

现在市面上超过 70% 的商业化课程都是教技能的课程。这类课程能让用户习得某种技能，掌握某种方法，最终有能力解决某类问题。

教别人剪辑视频、教别人管理情绪、教别人如何脱单、教别人打游戏如何快速进阶、教别人如何写作、教别人如何理财……都属于教技能的课程。

教技能的课程，最重要的是把复杂、烦琐的操作流程梳理成简单、易懂、易上手的具体执行步骤。

举个例子，所有人都知道发脾气不好，但就是忍不住。我们曾经研发过一门关于情绪管理的课程，把愤怒管理分为简单的三个步骤：一离、二吸、三凉水。

一离：赶紧离开现场；

二吸：找一个空旷的地方，进行深呼吸，逐渐缓和情绪；

三凉水：到卫生间用凉水洗一把脸，对着镜子给自己一个微笑，调整心态，使自己平静下来。

好的技能类课程，总结出来的方法一定是好记又好用的。

技能类课程不需要你有很丰富的知识，也不需要你成为高手，只需要你在某个领域内有一定的技能储备，就可以制作。所以，这类课程适合绝大多数人，当你不知道制作哪一类课程的时候，那就把你最熟练的一项技能转化成课程去教别人吧。

教才干

知识是指我知道的东西，如我知道什么叫人格心理学；技能是指我能操作完成的事情，如我掌握了心理咨询技能。

而才干是指我的个性、品质和内在的特质。简单来讲，教才干就是把你学到的知识和技能，通过整合吸收，内化成你个人的行为系统。

比如，你可以把你掌握的人格心理学的知识和心理咨询技能，应用到团队日常管理、处理家庭日常矛盾中来。

教才干的课程主要提升用户的某些综合素养，让其在对特定问题的思考和行为表现上有显著的提升。

电影《教父》中有一句经典台词："花半秒钟就看透事物本质的人，和花一辈子都看不清事物本质的人，注定是截然不同的命运。"这种"看透事物本质"的行为，就是才干的表现。

还有查理·芒格的多元思维模型：用不同的模型解决同一个问题，或者用同一个模型解决不同的问题。这种系统化思维也是才干的表现。

才干看不见、摸不着，但又无时无刻不在影响着我们的行为模式。

最常见的教才干的课程有：顶层思维构建与设计的课程、影响力培训课程、领导力培训课程、教别人如何打造个人品牌的课程，等等。

教才干的课程属于小众化课程，适合专家、权威人士、大神级别的人物制作，课程制作者至少要在某一个领域有很强的个人品牌势能。

1.2.3 市面上有哪几类畅销课程

现在市面上的课程种类繁多，看起来非常复杂、毫无章法，每门课程都在喊自己是开宗立派的，跟其他课程完全不一样。其实，即便是性质真的不一样，底层逻辑还是有很多共通的地方。

总结起来，一共有 5 类好卖又赚钱的畅销课程。

认知增量类

这类课程定价大概在 1 元到 1000 元之间。用户购买这类课程的目的是刷新认知，掌握一个知识概念、一套理论，或一种思维。因为价格有限，这类课程不可能配套很多类似社群、助教等教学服务，以自学为主，需要用户自己去实践和行动，所以也叫作"自学课"。

自学课最常规的教学服务就是评论区互动，或偶尔做一两次答疑分享。得到、樊登读书、喜马拉雅等知识付费平台上的绝大部分课程，都属于这一类。

这类课程的盈利模式不是以价格取胜，而是以量取胜。比如，薛兆丰的经济学课定价 249 元 / 份，一共卖出接近 56.8 万份，总共营收将近 1.4 亿元。一门课程的营收，抵得过一部电影的票房。

技能提升类

这类课程的价格在 1000 元到 9000 元之间，学习目的是掌握一项核心技能，这项技能可以给用户的工作或生活带来实实在在的改变。这类课程非常注重手把手教学辅导和实战模拟。

这类课程价格高，有足够的成本去做社群运营和请助教辅导，还有一些配套的线下课。比如，当猩学堂的探店达人课和抖音运营课、黄执中的说服力课，还有很多写作变现课、声音课等，都属于此类课程。

咨询陪跑类

咨询陪跑类课程是技能提升类课程的升级版。技能提升类课程是一对多的课程，即一个讲师、一个助教在同一时期教多个人；而咨询陪跑类课程提供一对一的 VIP 辅导服务。

购买咨询陪跑类课程，本质上是你请了一个私人咨询顾问，不仅给你的项目做诊断，还会陪着你把项目做起来，在项目逐渐步入正轨之后，才结束辅导。

比如，在抖音起号陪跑课程中，讲师给你提供一对一的辅导，教你如何写脚本、如何拍视频、如何剪视频、如何涨粉运营等，直到把你的账号粉丝做到 10 000 多个，才结束陪跑服务。

这类课程的价格比较高，一般在 5000 元到 10 000 元之间。

结果保障类

简单来讲，结果保障类课程就是你报名上我的课，我保证你在上完课之后有一个明确的结果，如果你没达到这个结果，我承诺给你退全款或退款 50%。因此，这类课程也叫"承诺班"。

我曾经研发过一门课程叫《运营就业班》。只要你来上我的课，并且你在上完之后成为一个优秀学员，我就能保证你拿到大厂运营岗位的邀请函。如果没有拿到，我会给你退款。

这类课程更像是讲师和学员之间的博弈，高风险和高收益并存，因此，定价也不低，一般在 10 000 元到 50 000 元之间。

圈子人脉类

这类课程只有个人品牌势能很强的人才适合做，比较小众。

用户报名不是奔着课程来的，而是为了找人脉来的，学习提升只是顺带的结果。商学院的 MBA 课程，很多抖音大咖的私董会、弟子班、创业营等，就是这类课程。

这类课程价格也很高，一般在 10 000 元到 100 000 元之间，别看它价格高，但很好卖。

课程类型	课程定价	课程内容	课程举例
认知增量类	1~1000元	掌握一个知识概念、一套理论	管理学、心理学、职业发展课程
技能提升类	1000~9000元	掌握一项技能或一个方法	剪辑课、PPT设计课、企业管理课
咨询陪跑类	5000~10 000元	咨询顾问全程陪伴你把项目做起来	学霸陪跑训练营、短视频起号陪跑
结果保障类	5000~50 000元	上完课保结果，否则退全款或退50%	运营就业班、计算机就业班
圈子人脉类	10 000~100 000元	报名是为了混圈子、找人脉	私董会、弟子班、创业营

1.2.4　商业化课程的产品矩阵

无论是个人做知识付费变现的设计，还是教育机构商业模式的打造，都不可能只制作一门课程。因为每门课程都有自己的生命周期，短则能卖几个月，长则能卖几年，但卖 3 年已经是一门课程的极限了。因此，我们需要打造商业化课程的产品矩阵来使课程更新迭代。

产品矩阵有两种：以内容逻辑划分的产品矩阵；以销售逻辑划分的产品矩阵。

以内容逻辑划分的产品矩阵

当你确定买一款车的时候，销售员会问你要买这款车的哪种配置："你想要豪华版的、尊贵版的，还是旗舰版的呢？"

豪华版、尊贵版和旗舰版，听上去很高端，其实它们对应的就是初级、中级和高级。

同理，以内容逻辑划分的产品矩阵主要分为 3 个层级：初级课、中级课和高级课。

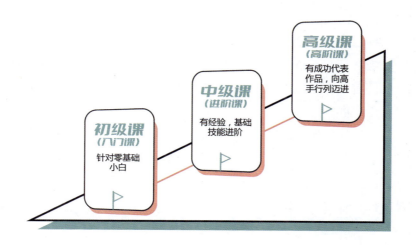

初级课：主要针对零基础小白，课程目标是带领学员进入一个新的领域，或一个新的行业，也叫入门课。比如，你以前是做会计的，职业发展遇到瓶颈，想转行做运营，但你对做运营一无所知，这个时候，你就很适合购买运营入门课。

中级课：主要针对已经上完初级课，或有一定知识或技能储备的人群，课程目标是让学员在知识或技能方面提升、进阶，也叫进阶课。比如，你从事运营工作两年，但一直都做着最基础的执行工作，你想往上发展，就需要学习运营方面更加系统的方法论和更高效的实战经验，那你很适合购买运营进阶课。

高级课：主要针对已经上完中级课，或在某个领域已经掌握了成熟的技能，准备迈向高手行列的人群，也叫高阶课程。课程目标是让学员掌握某个行业顶级的玩法，成为这个行业的高手。比如，你已经是某公司的运营经理，有成功的案例和代表作品，但你不满足于此，想成为运营总监，和公司运营的一把手竞争，那你很适合购买运营高阶课。

同一门课程的产品矩阵，陪伴着一个人在某一领域从零基础小白到行业高手的重要发展历程。

当然，并不是每一门课程都需要这 3 个等级的系列课程。但你要清楚地知道，你研发的课程处在某一个等级，这最终决定了目标用户群体的等级。

不过需要注意的是，等级越高，课程就越小众，目标用户群体的规模就越小。这也是市面上的大部分课程都是零基础入门的课程的原因。因为这样的课程的用户规模最大，销售最容易起量，高阶课程虽然价格高，但不好卖。

以销售逻辑划分的产品矩阵

很多人都有过这样的买课经历：

在抖音上刷到一个介绍某课程的视频，现在限时 0 元抢购，你赶紧报名上课。接着有老师联系你进群学习，一共学习 3 天。在学习结束后，老师跟你说，他们有一门 30 天的课程，非常适合你，你听完很心动。老师再跟你说，现在报名不仅有优惠，还会给你提供很多相关的资源。你毫无抵抗力，感觉再不下单，就会错过极好的机会。

这还没完，在你学完 30 天的课程后，讲师把你过去 30 天所收获的点点滴滴整理成一张满满当当的成绩单发给你，对你一顿狂夸，说你学习期间表现太棒了，你是他们学习营的优秀学员，给你发奖状、颁奖章，鼓励你不要停止学习，不要放弃提升自己，你应该成为更好的自己，现在重磅推出一门升级课，可以让你成为这个行业的顶级高手，并认识这个行业的"牛人"。

你按捺不住内心的冲动，但受限于价格高、手头紧，求而不得。讲师说："没关系！我们支持京东白条、花呗、信用卡分期付款，分摊到一年 365 天，一天不到 20 元，你吃一顿快餐都不止 20 元呢，每天不到一顿快餐的钱，却买到了一次改变自己人生的机会。"最后，你又忍不住报名了。

外行人看热闹，内行人看门道。一个人不断买课的背后，其实就是以销售逻辑划分的产品矩阵在起作用，行话叫"转化复购"。

以销售逻辑划分的产品矩阵，具体分为 4 个转化步骤：引流课、体验课、爆款课、盈利课。

引流课：用于销售前端获客的课程，价格一般在 0 ～ 10 元，很便宜，让用户在下单的时候不需要投入任何决策成本，这样才能吸引更多用户报名，前端流量池中的用户数量才足够大。课程内容不多，也就一两节课，或者是单纯的课程干货资料包。内容虽然不多，但一定是精华，要足够精彩，这样才能激发用户对课程的兴趣，吸引他们报名体验课。

体验课：上完引流课的用户觉得你的课程还不错，想进一步学习你的课程，但在还没深入了解的情况下，报名几百元或者几千元的课程，他又不放心。于是，体验课就起到了过度缓冲的作用。体验课价格在 1 ～ 200 元，上课周期不会太长，一般为 3 ～ 14 天，如果超过 14 天，会严重影响后续的转化效果。体验课的内容一般是爆款课精华部分的节选。在体验课上，讲师当然要拿最好的内容给用户学习，要让用户更好地了解课程、品牌、师资团队、教学服务等。

引流课解决用户对你的第一印象的问题，而体验课解决用户对你的信任度的问题。只要解决信任度问题，用户购买爆款课的概率就很大。

爆款课：引流课和体验课都不是真正意义上的课程，它们不赚钱，甚至是亏钱的。亏钱也无所谓，因为它们的存在是为了推销爆款课。爆款课的学习周期一般为 21 天以上，定价 500 元以上，上不封顶，但无论定价多高，都要体现出超高的性价比：从课程出品质量到教学服务，再到资源提供等，综合起来匹配到课程价格，让用户觉得超值。

爆款课能赚钱，但赚得比较少。毕竟，爆款课是你的拳头课程、门面课程，也是打响招牌的课程。打造爆款课的目的在于打造口碑，强化用户黏性，为后续引导用户复购盈利课奠定基础。

盈利课：盈利课建立在爆款课的基础之上，因为爆款课为用户提供了很好的学习体验，我们获得了用户对课程质量、讲师、教学团队、服务资源等多方面的信任，因此盈利课有很强的溢价能力，定价比较高。举个例子，你上过某某讲师的课程，你非常认同这位讲师，所以这位讲师出一门课程，你就买一门课程。

盈利课是利润的主要来源。它的销量可能不会很高，但利润很高。

产品矩阵	价格	学习周期	内容	作用
引流课	0~10元	0~3天	一两节课/课程干货资料包	销售前端引流获客
体验课	1~200元	3~14天	爆款课精华部分的节选	解决陌生用户的信任问题
爆款课	500元以上	21天以上	真正意义上的系统课程	拳头课程，打造口碑，提升用户黏性
盈利课	不限定	不限定	真正意义上的系统课程	溢价能力强，主要利润来源

为了让读者更好地理解以销售逻辑划分的产品矩阵，我举个例子：当猩学堂在 2021 年推出了探店达人的强化营课程，为了让这门课程迅速地打开市场，在销售环节和盈利上更加顺畅，当猩学堂总共设置了 4 个销售转化的环节。

第 1 个环节是引流课，引流课是 0.1 元的入门小课。学员进来学习 3 天，主要学习什么是探店达人，以及探店达人的变现模式是怎样的，目的在于激发兴趣。

第 2 个环节是体验课，体验课是 96 元的高质量训练营大班课，一共 12 天。体验课主要教学员探店达人的底层逻辑、理论认知和技能方法，目的在于让他们知道探店达人应该怎么做，但仅限于知道而已，距离真正做到还差实操和辅导。

第 3 个环节是爆款课，爆款课是 6980 元的技能强化营 VIP 小班课。爆款课非常重视教学服务的设计，有助教手把手地教学员实操，让学员实现从知道到做到的真正跨越。爆款课还提供真实的探店资源，解决学员"最后一公里"的变现问题。

第 4 个环节是盈利课，因为技能强化营的口碑积累，很多学员对当猩学堂产生绝对的信任，所以他们愿意报名当猩学堂的其他衍生课程，如线下课、高端私教课、打造个人品牌课、合伙人课程等。这些课程的利润加起来，占据了当猩学堂全年利润的70%以上。

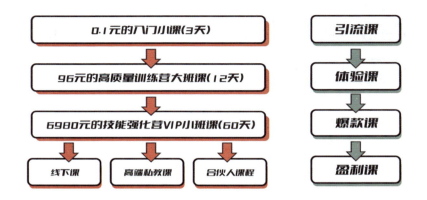

关于课程矩阵，我有以下两个小提示。

（1）不是所有的产品矩阵都需要完整的转化流程。

不是每个教育机构或者个人知识付费的产品矩阵，都需要包括引流量、体验课、爆款课和盈利课在内的完整的转化流程。事实上，转化流程太长，有时候会导致学员流失。比如，很多学员在上了体验课之后，就不愿意再上爆款课了。那么你的爆款课再好，也毫无用武之地。

所以，很多人或教育机构把引流课和体验课整合在一起，或者直接把体验课前置，体验课就是引流课。还有很多人或教育机构没时间和人力去研发太多的课程，就把爆款课和盈利课整合在一起，专注于把一门课卖爆。这样虽然利润不高，但可以走量，用销量来撑起利润。

（2）按内容逻辑划分的产品矩阵和按销售逻辑划分的产品矩阵是相辅相成的。

按内容逻辑和销售逻辑两个维度划分的产品矩阵并不是孤立的，而是相辅相成的，甚至是重叠的。举个例子，初级课有可能是爆款课，中级课和高级课也有可能是盈利课。

因此，在设计课程底层逻辑的时候，我们不仅要清楚地知道这门课程在产品矩阵中扮演着怎样的角色，还要懂得灵活变通，不排除"一人饰多角"的情况。

第2章
如何把你的一技之长转化成课程

一说到对自己能力的评价，主流的观点有两个：

（1）我什么也不会；

（2）我什么都会一点，但什么都不精通。

总结起来就是：一技之长跟我没什么关系。

一技之长真的跟你没关系吗？还是这只是你掩饰自己一事无成的借口？

人的心理机制就是这样的：当你拥有一技之长时，则意味着你有所成就，如果一事无成，你会觉得很挫败，为了逃避这种挫败感，最好的办法就是让自己没有一技之长，这样即使没取得任何的成功，你也可以心安理得地"躺平"了。

抛开这套心理学的原理，说自己没有一技之长，原因有两个：要么是自卑，要么是缺乏发现一技之长的眼光。

在本章我首先会告诉你什么是一技之长，以及如何梳理你的一技之长；接着再告诉你如何把你的一技之长转化成课程，以及在这个过程中，你会面临哪些困难和解决困难的方法和手段；最后，我会给你介绍如何把一技之长转换成一门课程的 CASST 模型，这个模型也是本章最重要且一定要被用户掌握的内容。

2.1　什么是你的一技之长

2.1.1　一技之长的概念

所谓一技之长，就是个人在能力上的优势。

对个人来说，做课的本质，就是你个人能力优势的变现——你擅长什么，就做什么样的课程。

能力优势由 3 部分组成：天赋、知识和技能。

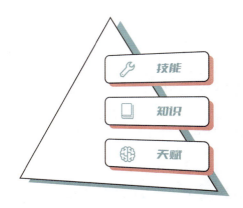

天赋是指一个人天生拥有的能力。比如，姚明身高 2.26 米，天生就在打篮球方面拥有身高优势。再比如，脱口秀演员徐志胜天生就长了一张喜剧脸，他往台上一站，一句话不说，台下观众就可以笑足 5 分钟。这些就是天赋，是人与生俱来且不用学习、不用练习就拥有的东西。

知识和技能，在第 1 章我们已经详细介绍过了。知识是指你了解的内容和信息；技能是指你能做到的事情。比如，我知道课程研发的底层逻辑和思维模型，这是知识；我能研发各种领域的课程，这是技能。

天赋不算是你的一技之长，因为它是你独有的、无法复制的，你教不会别人，别人也学不来。一技之长主要是指知识和技能。

由知识和技能组成的一技之长，是很主观的东西。你觉得这种知识很棒，别人却觉得一般；你认为拥有这项技能可以秒杀周围 90% 的人，别人却不觉得怎么样。

所以，一技之长要想转化成一门课程，并得到市场的认可，真正售卖出去，需要符合一些比较客观的条件。简单来讲，一技之长必须符合以下 3 个条件。

条件 1：你很擅长

你很擅长是指你在某方面的能力水平能超过 60% 以上的人，而且你在这个领域沉淀深耕一年以上，了解这个领域的游戏规则，或者能看懂这个领域未来几年的发展趋势。你可以给你的能力水平进行打分，满分是 10 分，如果达到 6 分以上，说明你是擅长的。

条件 2：有结果验证

你曾经用你的能力优势取得过斐然的成绩，有结果证明你能行，有说服力和权威性。举个例子，你说你做抖音很厉害，口说无凭，先孵化几个粉丝 10 万＋的抖音账号出来，到时候你的这个能力优势就不存在争议了。通过实践做出来的课程，其认可度也高。

条件 3：别人很需要

这个条件最容易被大家忽略，因为人很容易自恋，觉得自己会的东西简直无敌，所以也总以为别人需要同样的东西，而且别人表现出不需要，他会觉得别人不可理喻。这就像谈恋爱，你很喜欢吃麻辣烫，你就天天带着你的女朋友去吃麻辣烫，结果不到一个月，你的女朋友就跟你分手了，你不觉得自己有问题，反而觉得对方莫名其妙。

庄子写过一个脍炙人口的故事：朱泙曼喜好剑法，总想练就一身独步天下的绝技，他听说有个叫支离益的人擅长屠龙之术，于是变卖所有家产，拜其为师，苦学 3 年，他的屠龙之术达到了炉火纯青的地步，之后辞别师傅，开始闯荡江湖，希望除尽天下所有的恶龙。但他四处寻觅，却找不到一条龙的影子，他所谓的一身绝技，最终没有任何用武之地。

这就是有价值的一技之长除了符合"你很擅长"和"有结果验证"的条件，还得符合"别人很需要"这个条件的原因。

2.1.2 如何梳理你的一技之长

我们了解了什么是一技之长，但我们真正的目的是把一技之长转化成课程，所以在将一技之长转化成课程之前，我们要对一技之长做一次整合性梳理。

一技之长有很多，但真正能转化成课程的，主要有以下 4 种。

知识储备

知识储备是指你在某个领域有大量的知识积累，基于这些知识积累，你有独特的见解，足够让别人产生颠覆性的认知。为什么独特的见解很重要？因为你储备的知识都是已有知识，如果没有独特的见解，别人直接去看已有的知识就够了，为什么还要买你的课程来学习？新瓶装旧酒，起码新瓶子要有创意。

比如，虽然你不是心理咨询师，但你对心理学有独特的认知，就可以做一门心理通识课，专门针对那些对心理学感兴趣，或者想学习心理学知识的人；再比如，你大学学的是法律专业，那么你就可以做一门名为《如何利用法律来捍卫日常生活》的课程，现在很多人都有法律意识，每次在生活上吃亏，都想用法律来保护自己，只是不知道用哪种法律手段而已，你这门课程就满足了这部分人的需求。

有些人说："我是一个学霸，学富五车，就是没有独特的见解，能做课程吗？"能，你可以打个信息差，去科普那些你知道但别人不知道的知识。

熟练技能

你在某个领域有非常熟练的技能，你给这项技能打分，满分是 10 分，如果能打到 6 分以上，那么它就是做课最好的"原材料"。

比如，你从事的是视频剪辑工作，就可以做一门教别人如何剪辑视频的课程；你操作 Excel 非常熟练，就可以做一门教别人如何利用 Excel 提高工作效率的课程。以我为例，我非常擅长做课，所以，我做了一门教别人如何做课的课，卖得非常好。

兴趣专长

如果你是某个兴趣领域的玩家高手，至少说明两件事情：

一是你在这个领域坚持研究了很久，由兴趣驱动的事情，你从来不会轻易地半途而废；

二是你对这个领域保持着强烈的热情，而且一直在寻找志同道合的人。

千万不要浪费了你的这份坚持和热情，你完全可以把兴趣专长制作成一门课程。这不仅能给你带来不错的收益，还能让你遇到很多志同道合的人。

我有一个学员，他特别喜欢读书，天天读，一天不读，心里就觉得不踏实，而且也很喜欢跟同样喜欢阅读的人交流，每当遇到一个喜欢阅读的人，他都像"他乡遇故知"一样兴奋。后来在我们的指导下，他做了一门教别人如何高效阅读的课程，价格不高，销量不错。最重要的是，他通过这门课程，认识了很多喜欢阅读的志同道合者。

我有一个朋友，是个养猫达人，专门收留狼狈不堪的流浪猫。他的手上就像有一根魔法棒，无论流浪猫一开始的样子有多狼狈，经过他的手，不出一个月，一定会变成人见人爱的宠物猫。而且他的家装修得像是一个萌猫乐园，你一进去，就觉着进入了一个猫的世界。

我们每次聊天，只要不打断他说话，他可以滔滔不绝地跟你聊猫聊上一天一夜。在我的建议下，他做了一门如何科学养猫的课程，很受欢迎，卖得不错。后来他发现，这门课程只是普及了养猫的基础知识，很多养猫的个性化问题，需要一对一的辅导，于是他延展了咨询顾问的业务。后来付费咨询的人越来越多，他就辞职了，专门做养猫的课程，这就等于把兴趣专长开发成了自己的事业。

如果你也想利用兴趣专长来创业，不妨把课程作为你的突破口。一门属于自己的课程，如果经营得好，会给你带来意想不到的惊喜。

高光经历

所谓高光经历，就是你那些被结果验证过的成功经历。它也可以制作成一门课程。

比如，你考研成功，就可以做一门考研通关的课程，给那些正在为考研感到焦虑的人提供成功通关的方法和技巧。

再比如，你玩《王者荣耀》玩到了传奇王者的段位，就可以做一门如何在《王者荣耀》中快速通关的课程，为那些刚入门的"菜鸟"提供各种通关攻略。

总结一下，很多人并不是没有能力去做一门课程，而是不知道怎么去梳理可以做成一门课程的一技之长。如果你有这方面的困惑，可以尝试从知识储备、熟练技能、兴趣专长和高光经历 4 个方面去寻找突破口。

2.2 把一技之长转化成课程的 CASST 模型

2.2.1 把一技之长转化成课程的两个难点

根据前面的方法，在把一技之长梳理出来之后，接着就是如何把它转化成课程。过去三年来，我教过几千个学员做课，发现在他们把一技之长转化成课程的过程中，普遍存在两个难点。

难点 1：不知道一技之长很值钱

因为你对你的一技之长了如指掌，在你看来做这件事简直太简单了，不好意思将其做成一门课程，还正儿八经地收钱教别人，别人要是愿意学，你反而感觉像找到了知音，恨不得免费教别人。

其实，所有的一技之长，都不是从天上掉下来的，一定是你付出了很多的成本，才拥有了今天的能力。但你没有去算账，包括明面上的账和隐形的账。

所谓明面上的账，是指投入进去的资金。比如，我有一个学员，为了学习编程，他买了专业配置的电脑和很多书，参加了很多训练营，这些都是可以计算出来的投入成本。

而隐形的账，是无法用金钱衡量，却比金钱还重要的成本。还以我这个学员为例，为了学编程，他付出了很多时间，遇到很多坑，踩了很多雷，走了很多弯路，造成了很多失误，这些都是隐形的账。

对有需要的人来说，你的一门课程也很值钱，把你的一技之长卖给他，让他少踩坑、避开雷，当遇到问题时，有更高效的解决方案，让他在更短的时间内得到想要的结果。比如，他自己通过苦苦摸索成为编程高手，需要三年，但学完你的课程，他可以把时间缩短到一年，少用两年的时间。你利用一技之长赚到了钱，他利用你的一技之长赚到更多的钱，各取所需，这是双赢的好事，也是一技之长的真正价值。

难点 2：不知道怎么演绎一技之长

你对自己的一技之长太熟悉了，感觉没什么好说的，也没什么好教的。当别人问你："这是怎么做出来的呀？"只要不假装高深，你一般都会这样回答："很简单，就是这样做出来的呀。"

我们来还原一下经典的对话场景。

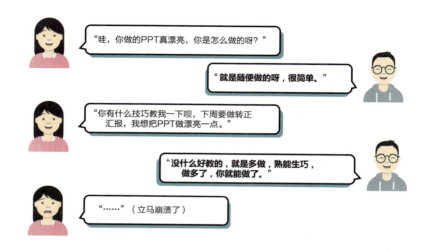

"哇，你做的PPT真漂亮，你是怎么做的呀？"

"就是随便做的呀，很简单。"

"你有什么技巧教我一下呗，下周要做转正汇报，我想把PPT做漂亮一点。"

"没什么好教的，就是多做，熟能生巧，做多了，你就能做了。"

"……"（立马崩溃了）

为什么会出现这样的现象呢？主要有两个原因。

一是你对自己的一技之长非常熟练，已经将之内化成你日常习惯的一部分，很多时候你都是无意识地或凭直觉做出类似的行为。比如，你做 PPT 设计好几年了，设计 PPT 的技能都是靠几年来的不断摸索积累起来的，在你的脑海里已经形成如何设计 PPT 才能更好看的神经回路。你的大脑告诉你，这样设计一定很好看，但至于为什么要这样设计，你也说不出所以然来，最后就只能归因于熟能生巧。这也没毛病，只是苦了向你请教如何做 PPT 的人，让他摸不着头脑。

二是你假定对方跟你具备同样的认知水平，你认为很简单的事情，对方也应该觉得很简单才对，于是你就轻描淡写地告诉他应该这样做。纷繁复杂的操作步骤，你三言两语就说完了，可是当对方做不出来的时候，你失去了教他的耐心，还抱怨："这么简单都不会，真笨。"

应该如何解决将一技之长转化成课程的两个难点呢？有两种高效的方法可取。

（1）掌握经验萃取的方法。

（2）长期培养小白思维。

2.2.2　做课必备技能一：经验萃取

我们先来讲第一种方法：掌握经验萃取的方法。

你可能会纳闷，这里明明说的是一技之长，怎么就跟经验萃取扯上关系了呢？还记得前面讲过的一技之长的本质吗？一技之长的本质是能力优势，能力优势的终极体现就是成功经验。能力优势和成功经验就像同一个炉子里的两个烧饼，虽然样子不一样，但属性是一样的。

所以，掌握经验萃取的方法，就等于掌握了破译一技之长的密码。

经验萃取有三个大的环节和八个小的步骤。

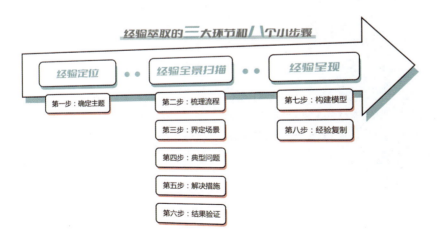

为了能够把经验萃取的环节和步骤讲清楚，我们通过一个具体的案例来看每一个环节和步骤具体是如何操作的。

案例：

周末我们一家三口一起去逛商场，经过一家休闲零食店，门口站着一位阿姨，热情招呼我们进去看一看，刚好今天搞活动，买不买没关系，图个热闹。我们本来没想要买零食，架不住阿姨满脸笑容地"生拉硬拽"，就进去了。

进去之后，我们仿佛置身于休闲零食的缤纷国度：装修设计别具风格，商品摆设也很有创意，一种挨着一种，非常丰富，估计有几百种。阿姨一直跟在我们旁边，并不停地拿着蜜饯来给我们尝，不断打消我们的顾虑："尝尝不要紧，这个杧果干很好吃，这个猕猴桃干也很好吃，小孩子们都爱吃。"

儿子尝了以后，说很好吃，阿姨附和道："你看，小孩子都爱吃，而且都是各种水果干，富含维生素，绿色健康食品，不上火，不油炸，不添加香精色素，纯天然。"

我们一看儿子喜欢吃，不好意思不给孩子买，加上确实比给孩子买垃圾食品放心多了，于是就买了一些杧果干和猕猴桃干，最后顺带买了一些山楂糕。在付款的时候我们才看到总共 158 元，原来这些水果干都挺贵的，将近 80 元一斤。

我再看看周围几家店，就这家店的生意最好，这激发了我的反思：他们到底做对了什么，有哪些成功的经验值得我们学习？

我们用经验萃取的方法来对这家店成功背后的方法抽丝剥茧。

环节一：经验定位

经验定位要求锁定有价值的、需要做深度萃取的经验。就像同一款产品有多个维度的定位一样（比如，苹果可以被定位为水果，也可以被定位为圣诞礼物），同一种成功经验也可以从不同的角度去解读。而不同的解读维度，决定了不同的经验萃取主题。

第一步：确定主题

主题是经验萃取的灵魂，有了主题，你的经验萃取才有具体的目的，才不至于跑题。前面的案例中至少有以下三种主题。

经验萃取主题一：如何培养店铺销售人员。

经验萃取主题二：如何运营一家商场店铺。

经验萃取主题三：如何设计引导顾客购买的路径。

主题不同，经验萃取的维度就不同，萃取出来的经验也不同。

环节二：经验全景扫描

经验全景扫描是指 360°无死角地扫描最近发生的成功事件，具体到每一个流程，不放过每一个细节。因为所有的经验都是不断实践、不断累加沉淀的结果，因此，最近发生的成功事件可以在一定程度上表现出当下一个人所具有的最强能力。

就像案例中的阿姨，她没有让我们一家三口感受到强营销的反感，之前一定尝试过很多种引导方案，通过不断迭代，才有了这次如此顺畅的导购过程。

经验全景扫描是经验萃取最重要的环节，也是一项系统复杂的工程，总共分为五步走，也就是下面要介绍的第二步到第六步。

第二步：梳理流程

梳理流程就是梳理成功事件的几个关键流程。我们以"如何设计引导顾客购买的路径"为经验萃取的主题，可以梳理出三个关键流程，如下图所示。

第三步：界定场景

在将流程梳理出来之后，每个流程中会有不同的具体场景。

在上述案例中，在顾客经过店门前的流程中，阿姨在"引导进店"环节会碰到不同类型的顾客，从而形成不同的引导场景，经验拥有者需要对常见的场景进行阐述。比如，一家三口的进店概率，要远远高于一个匆匆而过的顾客。

为什么说界定场景对经验萃取如此重要？因为成功经验都藏在每一个具体场景的细节里面。我们来做一个对比。

场景模糊——你问案例中的阿姨："你能不能详细谈谈你是怎么引导顾客进店的呢？"

阿姨每天都要引导几百个各种各样的顾客进店，她不知道要讲哪一个，只能回答："嗨，就是跟每一个经过店门口的人主动、热情地打招呼。"

你萃取出来的成功经验就是：导购员要主动、热情。这种结论没什么价值含量。

场景清晰——你问案例中的阿姨："你能不能详细谈谈你刚刚

是怎么引导他们一家三口进店的呢？"

阿姨会滔滔不绝地跟你说："店里的零食很受小孩子欢迎，所以在引导顾客入店的时候，我会首选带孩子的顾客群体，他们进店的概率更高，而且我们店门口的装修摆设，有点游乐园的风格，很吸引小孩子……"

这时你萃取出来的成功经验可能是：导购员筛选目标顾客，店门口的装修风格要迎合小孩子的喜好等。如果你想经营一家休闲零食店，这些经验就具备很大的借鉴价值。

第四步：典型问题

在第三步的具体场景中，遇到的典型问题是有共性的，其他门店在类似的场景中也会遇到同样的问题。

比如，阿姨在引导我们一家三口入店的时候，她的热情没有打动我们，怎么办？如果她要引导的不是我们一家三口，而是一对情侣，她的引导话术又是怎样的？典型问题和具体场景一样，越清晰越好。

第五步：解决措施

解决措施是指在第四步遇到典型问题时，当事人是如何应对并解决问题的。

比如，阿姨的热情没有打动我们一家三口，她会采取下一步措施，让我们稍等一下，到店里拿一个彩色气球送给我儿子。

又比如，当遇到一对逛街的情侣时，引导的突破口不再是小孩，而是女孩。阿姨会站在男方的角度夸女孩，如"哇，你女朋友真漂亮"，或者"你女朋友今天穿的衣服真好看"。

这种话术既夸了女孩，又让男孩觉得有面子，能迅速让阿姨跟两人拉近距离。这个时候，阿姨再邀请他们进店，他们大概率不会拒绝。

分析这些具体的能落地的解决方案，才是经验萃取的正确姿势。

第六步：结果验证

展示处理典型问题的结果，从而客观地评估方法的有效性。

比如，阿姨通过引导小孩，成功引导我们一家三口进店，这说明方法是有效的，是值得学习和借鉴的。

环节三：经验呈现

所谓经验呈现，就是基于经验定位，把经验全景扫描出来的成果做一个总结和提炼，并用巧妙又简单易懂的方式呈现出来。

经验呈现主要有两个步骤：构建模型和经验复制。

第七步：构建模型

构建模型是指运用流程步骤、矩阵模型、关键要素、简单公式等方法，使内容更加易学、易操作，便于让别人记忆、传播。

注意，构建模型是要呼应经验定位的。我们以"如何设计引导顾客购买的路径"为例，构建一个"流程步骤"的模型。

引导顾客购买的五个步骤如下。

步骤一：筛选目标顾客。

步骤二：推荐合适商品。

步骤三：热情互动体验。

步骤四：免费试吃刺激。

步骤五：抓住成交时机。

提示：把看上去毫无章法、纷繁复杂的经验，整理成一个易记、易懂、易执行的简单模型，是制作课程中非常重要的能力，我们会在第 3 章详细讲这项能力的修炼手段。

第八步：经验复制

经验复制是指把第七步构建出来的经验模型，借助各种渠道，利用各种方式推广出去，让更多的人学习并复制到各个领域。这也是经验萃取的真正目的，并不是将经验萃取出来就完事了，而是要将经验推广给真正有需要的人，发挥经验的最大价值。

经验复制的过程，也是经验迁移的过程。迁移的路径有两条：同领域迁移和跨领域迁移。

比如，案例中萃取出来的经验是门店引导顾客购买的五个步骤，如果你是做水果店生意的、做药店生意的，或者做餐饮生意的，完全可以把这些经验复制过来，这叫同领域迁移；这五个步骤其实还可以赋能给电商成交的关键环节，只不过需要根据电商的属性调整一下具体的执行方案，大框架是不变的，这是跨领域迁移。

2.2.3 做课必备技能二：小白思维

如果你想要把你的一技之长转化成一门课程，还要把课程做得浅显易懂，让小白学员一看就懂，一学就会，除了具备前面讲到的经验萃取能力，还要具备小白思维。

什么是小白思维？小白思维就是把自己切换到一无所知的小白用户的视角，去学习自己要研发的课程，看一看自己作为一个零基础的小白，对课程里的知识理论和方法技巧能不能看得懂、学得会。

本来非常复杂的知识点，因为你非常熟悉，所以你觉得非常简单，你认为别人应该也像你一样，觉得那个知识点很好理解，所以你用几句话就把它给讲完了，结果别人学得一脸蒙，你反而吐槽别人学得慢，这就是缺乏小白思维的表现。

如何利用小白思维把一技之长转化成课程呢？

很简单，你闭上眼睛，想象自己回到还没掌握这个技能时的样子。

然后你把记忆慢慢往前推，像过电影一样，一幕幕去回顾：这一路走来，你从曾经的小白到成为今天的高手，用了多长时间？都经历了什么？沉淀了哪些经验？

然后用一条线把这些经历和经验串联起来，就成了你做一门课程的线索。

在成长为高手的过程中，你是怎么做的，就用同样的方式去教别人怎么做；你遇到过什么问题，用了哪些解决方案，就告诉别人这期间大概率会遇到什么问题，以及应该怎么去解决和应对。

简单来讲，是什么方法成就了你，你就用它来成就别人。

小白思维说起来容易，解释起来也不费劲，但我们不是张小龙也不是周鸿祎，三分钟就能把自己切换到小白身份。培养小白思维，不是一朝一夕的事情，它需要长期的刻意练习，虽然培养的过程很难，但你一旦学会，就等于打开了制作高品质课程的任督二脉。

现在，我就来告诉你，小白思维的经典五问是如何助力你将一技之长转化成课程的。

在从小白成长为高手的过程中，你经历了什么？掌握了哪些技巧？沉淀了哪些经验？只需要五个问题，就可以将它们梳理出来，而这五个问题的答案，就是制作一门课程最好的内容。

第一个问题和答案：你当时为什么要学习这项技能？概念解释。

这里你可能有点懵：为什么要学习这项技能和概念解释，这两者有什么关系？其实，这个问题的背后还隐含了两个小问题：

（1）这项技能是什么样的？

（2）它为什么能吸引你？

你只有充分了解这项技能是什么样的，以及它有哪些优点和对你能产生哪些作用，你才有动力去学习这项技能。而这些问题的答案，就是对这项技能的概念解释。

注意，这项技能可能是旧的，是很多人都知道的，所以，你在解释这项技能的概念时，最好不要跟风市面上已有的概念，炒冷饭会让别人觉得索然无味，一定要有独特的见解，让别人学习起来有眼前一亮或颠覆认知的收获感。

比如，我在解释商业化课程的概念时，就完全区别于学院派的概念，提出"课程的本质不是习得知识和提升自己，而是遇到了自己无法解决的问题，通过学习课程找到最优的解决方案，习得知识和提升自己只是解决问题过程中的顺带结果"。

因此，我给课程下了一个新的定义：给用户提供特定解决方案，满足用户特定学习需求的产品。

第二个问题和答案：在学习过程中你遇到了哪些问题？提出问题。

这些问题最好是具有典型性的、普适性的，不是只有你才会遇到，所有学习这项技能的人都会遇到。

提出问题的作用是戳中用户的痛点，使其产生强烈的共鸣，让他们觉得这门课程就是为自己量身定制的，激发他们学习的动力和欲望。

第三个问题和答案：你采用了哪些解决方法？解决方案。

这个问题和第二个问题筋脉相连——先提出问题，再解决问题。

解决方案是一门课程里面最重要的内容。用户买你的课程，买的就是你的经验，你的方法，你的解决方案。

这些解决方案不能打马虎眼，也不能太过鸡肋，更不能无中生有，一定要具有极强的实操性、落地性，而且表述一定要有框架性和系统性，让小白用户一看就懂，一学就会。

举个例子，做私域引流是一项非常复杂的工程，你要去很多地方找到精准用户，还要想方设法让用户加你的微信。这听上去就特别难，如果是第一次接触私域引流的小白，可能会直接放弃学习。

媒老板商学院的课程把复杂的精准引流总结为简单的三个步骤。

第一步：找鱼塘（找到潜在用户聚集地）。

第二步：造诱饵（准备鱼儿喜欢"吃"的东西）。

第三步：设钩子（提出必须马上加微信的理由）。

这才是解决方案该有的表达方式。

第四个问题和答案：在解决问题过程中你踩过哪些坑？注意事项。

这个很好理解，经验的价值有两种：帮助你创造更多价值；帮助你规避不必要的损失。

就像教你跑步一样，既要教你跑得更快的方法和技巧，又要教你在快跑的过程中，如何减少受伤的风险。

减少受伤的风险，就是需要特别强调的注意事项。

第五个问题和答案：最终达成了什么结果？案例展示。

你总结出来的方法和技巧靠不靠谱？有没有说服力？能不能经得起现实的考验？那就要拿出结果来证明。

而证明结果的过程，就是展示成功案例的过程。

案例展示对制作课程而言非常重要。因为方法论无论多么简单、易懂，都是高度提炼的一个框架体系。用户在现实场景中真正学以致用时，难免会陷入理论的真空，导致方法论无法落地。

比如，非暴力沟通有四个步骤：观察→感受→表达→请求。

你看到这四个步骤，会惊叹非暴力沟通简直太牛了，太实用了。于是你迫不及待地想去实战一下，可是你不知道从哪里入手。道理都懂，就是做不到。

但如果你能还原一个宝妈利用非暴力沟通的四个步骤，解决孩子写作业拖延这个问题的完整过程，用户就可以把同样的经验迁移应用到亲密关系的沟通中。

这也是每次当你听到一个很棒的方法，但又不知道具体的执行细节时，你都会多问一句"你能举个例子吗"的原因。

2.2.4　做课必备工具：CASST 模型

我们来总结一下，小白思维经典五问的答案分别为：

（1）概念解释（Concept）；

（2）提出问题（Ask questions）；

（3）解决方案（Solutions）；

（4）案例展示（Successful cases）；

（5）注意事项（Tips）。

如果说小白思维的经典五问是为了系统梳理你的一技之长，那么这五个问题的答案就构成了把你的一技之长转化成一门课程的经典模型。我们把每一个答案对应的英文的首字母拎出来，再组合在一起，就构成了"CASST"。

当猩学堂有个学员，他非常擅长读书，在我们教学团队的指导下，他把这项能力转化成了一门课程，教别人如何高效地阅读一本书。这门课程一共有 10 节课，定价 9.9 元。

这门课程完全按照 CASST 模型制作，现在来还原一下他把一技之长转化成一门课程的全过程。

概念解释（C）

对一门课程而言，概念解释像什么呢？像一篇文章的开头，有一个好的开头，就等于成功了一半。前面我们讲过，进行概念解释不要引用大家都知道的主流观点来炒冷饭，一定要有自己的独特见解，让人产生眼前一亮或者颠覆认知的获得感。

在《如何高效阅读一本书》这门课程中，讲师把高效阅读定位为把书中的知识内化成改变自己的武器。这就跟所谓的"快速阅读一本书"的观点完全区分了开来，颠覆了大家对"高效阅读"的认知，让大家从关注阅读量的多少，转移到关注"通过阅读改变自己"。

以全新的定位为基础，该课程延伸出了两种主张。

第一，阅读的价值有三种：满足兴趣、提升认知和改变自己。

只有把阅读的价值提升到"改变自己"的最高层级，才能把 30 元的书读出 3 万元的价值。

第二，一年读 100 本书确实很酷，但一年高效阅读 10 本书更酷，因为 100 本书只是增加了你的认知，而 10 本书却让你彻底改变了自己。

这两种主张为《如何高效阅读一本书》这门课程赋予了很高的愿景和使命，奠定了值得你继续往下学的整体基调。

提出问题（A）

提出问题背后的底层逻辑是用户思维，跟用户思维对立的是自嗨思维。

自嗨思维的表达角度是"我有什么"，用户思维的表达角度是"我能为你提供什么"。

站在用户的角度，他会觉得你有什么跟我没有关系，但你能为我提供什么，就跟我关系很大了。然后他再评估你所提供的内容的价值，判断值不值得他购买。

而提出问题的目的是解决问题，这就和"你有病，我有药"是同一套逻辑。

在《如何高效阅读一本书》这门课程里，讲师提出了 4 个问题。

这些问题都是典型性的、共性的问题，不只你会遇到，所有学习这项技能的人都会遇到。另外，这些问题能戳中大部分阅读人的痛点，使之产生强烈的共鸣，让他们觉得这门课程就是为自己量身定制的，激发他们学习的动力和欲望，也在很大程度上提升了学习体验。

解决方案（S）

提出了问题，当然要解决问题。解决方案是问题和答案之间的纽带。

前面已经强调过，解决方案不能打马虎眼，也不能太过鸡肋，更不能无中生有，一定要具备极强的实操性、落地性，而且解决方案的表述一定要有框架性和系统性，简单好记，让小白用户一看就懂，一学就会。

在《如何高效阅读一本书》这门课程里，讲师是怎么解决没时间阅读、坚持不下去、读完记不住、读完没收获这 4 个问题的呢？他给出了一个终极大招——123 阅读法。

1 个宗旨：一本书只有 30% 是精华。

你不需要从第一页到最后一页完整地读完一本书，只需要读一本书中 30% 的精华内容即可，替你省下 70% 的时间，解决没时间阅读的问题。

2 个心法：目的阅读法 + 应用笔记法。

目的阅读法是指在阅读之前，先明确阅读一本书的目的，这能解决坚持不下去的问题。当一本书不管你读没读完，都对你没什么影响时，你为什么还要坚持读下去呢？用这些时间干点别的有意义的事情不好吗？可是当你有目的的时候，你愿意为了达到这个目的，放弃刷抖音和玩游戏，所以阅读目的很重要。

应用笔记法是指在阅读过程中如何记笔记的创新方法，解决了读完记不住和读完没收获的问题。

3 级阅读：第 1 级是略读；第 2 级是速读；第 3 级是精读。

略读是花 10 分钟去判断一本书值不值得读；速读是明确阅读目的，并基于目的找出一本书里 30% 的精华内容；精读是配合应用笔记法，把书里面的知识应用到实际生活场景中。3 级阅读综合解决了没时间阅读、坚持不下去、读完记不住、读完没收获这 4 个问题。

我再强调一下：设计解决方案是一项系统复杂的工程，你一

定要用框架结构去归纳总结解决方案。框架结构有什么用呢？它能为你的课程打造一个核心记忆点。

一门课程的内容很多，学员在学完之后，能记住的内容很少，所以你一定要用高度提炼的方法论，去总结一个易记、易懂、易执行的解决方案。你想象一下这个场景：在学员学完《如何高效阅读一本书》这门课程之后，你问他们："你们学到了什么内容呀？"几乎所有人都会脱口而出："我学到了 123 阅读法。"

案例展示（S）

案例展示，简单来讲，就是给学员打个样。

比如，在《如何高效阅读一本书》这门课程中，你掌握了123 阅读法。你也觉得这个方法论很棒，可是怎样将 123 阅读法学以致用呢？你也不知道。

不过没关系，讲师会告诉你他是如何利用 123 阅读法，来阅读《非暴力沟通》这本书的。你在学完之后，会有一种恍然大悟之感。于是你将从情境中吸收的知识迁移应用到阅读《刻意练习》《掌控习惯》等其他书籍的过程中。

我们以阅读《非暴力沟通》为例

带你实战看书名和封面、看序、看目录大纲、看兴趣章节、看结尾的略读技巧。

在寻找展示的案例时，有 4 个思路可选。

首选你经历过的真实的成功案例。具体包括在案例中你是如何利用解决方案去解决问题，并达成某种结果的。

次选学员经历过的成功案例。你的学员用你的方法论，做出了斐然的成绩，说明该方法论不仅适用于你，也适用于其他人，案例不仅有说服力，还能给学员带来莫大的鼓舞和信心。

再选名人经历过的成功案例。如果你没有自己的成功案例，就去网上搜索大众熟知的名人有没有类似的成功案例。名人有光环效应，其案例也有说服力。

最后选身边人的成功案例。既没有自己的或学员的成功案例，也没有名人的成功案例，那就退而求其次，讲自己身边人的成功案例，但案例要客观、真实、有细节，能令人信服。

注意事项（T）

注意事项的核心内容如下。

首先要在执行解决方案的过程中，提醒大家要避开哪些坑，别踩哪些雷。有时候规避风险的经验，比解决方案更值钱。就像很多理财课程，既教你赚钱的方法，也教你不亏钱的技巧。

其次要提醒大家在执行解决方案的过程中，有哪些细节要特别注意。这起到重复提醒和重点强调的作用。

最后还要告知大家在执行解决方案的过程中，有哪些不按常理出牌的技巧。比如，我们之前研发了一门抖音涨粉课，既教学员常规的各种涨粉手段，也教非常规但挺管用的涨粉"小心机"。

在《如何高效阅读一本书》这门课程中，123 阅读法的 5 个注意事项如下图所示。

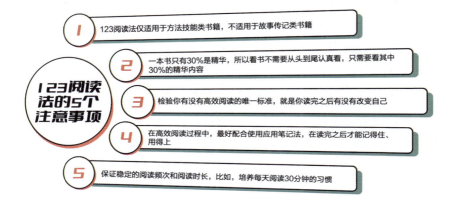

这 5 个注意事项首先强调了 123 阅读法的适用边界，明确告诉你其不适用于故事传记类书籍，就省得你在阅读故事传记类书籍时生搬硬套了，效果还不好。

接着强调了检验你有没有高效阅读的唯一标准，就是你读完之后有没有改变自己。提醒你在每次阅读时都要牢记"改变自己"的使命。读得爽不是高效阅读，改变自己才是。

最后还强调在高效阅读过程中要配合使用应用笔记法，并保证稳定的阅读频次和阅读时长，坚持长期主义，才是高效阅读的根本。

CASST 模型的应用方法讲完了，你学会了吗？

在应用 CASST 模型时，需要注意的是，CASST 模型的 5 个要素是固定的，但在应用过程中，顺序是可以灵活调整的。至少有以下 3 种顺序：

概念解释（C）→提出问题（A）→解决方案（S）→案例展示（S）→注意事项（T）；

提出问题（A）→概念解释（C）→解决方案（S）→案例展示（S）→注意事项（T）；

概念解释（C）→提出问题（A）→解决方案（S）→注意事项（T）→案例展示（S）。

模型是死的，人是活的。但愿你在实战应用 CASST 模型时，能弄出更多新的花样来。

第3章
如何为一门课程注入热销的基因

你在网上看到一篇文章火了，阅读量是 10 万 +。外行人看完内容，觉得写得太好了；而内行人则能看到内容背后更深层次的选题。一篇文章火起来的原因，内容只是表象，选题才是根本。

也就是说，一篇文章能不能火，在写内容之前的选题阶段，就已经决定了 80%。

同理，一门课程能不能火、好不好卖，外行人只看课程内容，内行人却看选题包装。选题才是决定一门课程能不能热销的先天基因。

知道了课程选题的重要性，接下来我会先告诉你课程选题的概念是什么，以及一个优质爆款课程选题的标准有哪些。然后，我会告诉你怎么去做爆款课程选题，这里我会介绍一条课程选题的万能公式，也是本章最重要的知识点。最后，我再告诉你如何给爆款课程取一个激发购买欲的名字。名字是一门课程的金字招牌，一个好的名字，能给你省下不少的推广费用。

3.1 爆款课程选题的秘诀

如同解答数学题中的方程一样，每一步都要确保准确无误。如果第一步出错了，后面的步骤任凭你如何作答，答案都是错的。而课程选题，就是解答方程的第一步。

课程选题选对了，后面做出来的课程就对了；课程选题选不对，后面做出来的课程大概率也不会太好。和运营公众号一样，好的课程选题是课程策划成功的一半，它是用户付费购买的决定性因素，所以说课程选题很重要。

课程选题本质上是课程定位，主要解决以下 3 个问题：

（1）你想做一门什么样的课程？

（2）你想面向什么样的用户？

（3）你想为用户解决什么样的问题？

课程选题是一门课程的灵魂，为一门课程敲定一个爆款选题，就等于为这门课程注入了热销的基因。

我们自己做了上百门的课程，也辅导了几千个学员做课，总结出好卖的爆款课程的选题都符合 4 个标准。这 4 个标准总结起来就是 4 个字：小、实、专、新。

小

课程选题宜小不宜大，或者以小见大。过大的课程选题需要庞大的知识体系支撑，特别是对刚接触课程研发的小白来说，往往把控不住。

比如，短视频运营就属于很大的课程选题，因为它涉及抖音、快手、小红书、哔哩哔哩（简称 B 站）、视频号等平台的运营。作为个人，不可能精通每一个平台，硬逼着自己去做这么大体量的课程研发，把自己累坏不说，做出来的选题质量肯定也堪忧，费力不讨好。

但如果你是教育机构的课程研发负责人，需要开发大课，那怎么办呢？建议以大化小，进行"模块化"。比如，领导要求你做短视频运营，你可以将之拆分成 5 个模块：讲抖音运营、讲快手运营、讲小红书运营、讲 B 站运营、讲视频号运营。这样既可以降低开发难度，又可以快速出开发成果。

实

实，是指实际情况，实事求是，务实、扎实，实实在在地解决用户的问题。不要假大空，不要用很大的篇幅去说正确的废话，不要灌鸡汤，不要把学员说得忘乎所以，听完之后还是不知道怎么做，不要高谈阔论，不要一开口就是时代风口、社会红利。

学员要学的课程其实很简单，不是所谓的抖音红利，也不是抖音复杂的推荐算法逻辑，他们只想学习如何用简简单单的几个步骤快速涨粉。

专

课程内容要有专业深度，不要浮于表面，没有任何深度或方法论。很多讲师只喜欢讲"为什么"和"做什么"，一到"怎么做"就没内容了，这说明他对自己课程的理解深度不够，只做事，没有总结做事的方法。

为什么现在很多学员对买课程已经"免疫"了，觉得这些课程是在"割韭菜"、收智商税？原因就是课程内容不够专，没有深度，浮于表面，夸夸其谈。

新

现在由于互联网等的快速发展，知识、信息的更新速度快上加快。小时候我住在农村，一线城市的新闻传到农村，已经在一个月之后了，但现在农村和一线城市的信息完全是同步的，打信息差做课程培训不再是一个好主意。

所以，课程选题要有新意，内容要有新看点，方法论也要实时更新。比如，现在流行科学养娃，你还在讲"棍棒之下出孝子"的方法论就很滑稽。

3.2　爆款课程选题的万能公式

一门爆款课程的选题要符合"小、实、专、新"4个标准，基于这4个标准，我们该如何敲定课程的选题呢？

因为课程选题关系到这门课程在被研发出来之后有没有市场、有没有成为爆款的潜力，所以涉及很多的判断维度。总结起来，主要有5个判断维度，这5个维度构成了爆款选题的万能公式。

爆款选题＝市场前景＋用户需求＋唯一性＋易用性＋时效性

市场前景

所谓市场前景，是指市场空间的大小和覆盖人群的广度。

如果你做的是线下课程，有区域范围的限制，那么就需要开发普适性强的课程选题，尽可能适合大多数人学习，覆盖的人群基数要足够大，要不然招不到学员，开不起课程，就很浪费时间。

如果你做的是线上课，就不用担心市场容量的问题。中国是人口大国，有十几亿人，无论多小众的选题，都有足够大的用户规模。举个例子，在现实生活中，你很少看到养仓鼠的人，但全国有几千万个仓鼠宠物爱好者，线上仓鼠宠物社区非常活跃。

这也是在互联网兴起之后亚文化迅速崛起的原因。

我有一个学员，他是多肉植物的重度爱好者，在我看来这个领域非常小众，但他做了一门如何养护多肉植物的课程，卖得特别好。

如果我们不考虑市场容量问题，那么应该考虑什么问题呢？答案是市场销售逻辑。

市场销售逻辑有两种：畅销逻辑和长销逻辑。

符合畅销逻辑的课程是指结合当下热门话题的课程。畅销逻辑和运营自媒体的逻辑一样，就是结合热点。比如，在居家办公期间，教职场人士如何在家提高工作效率的课程就卖得很火。

符合畅销逻辑的课程主要有 3 种类型。

（1）新市场、新红利、新热门。

一个新技术的出现，一个新需求的产生，都能催生出很多相关的畅销课程。比如，这两年剧本杀很火，很多人和机构开始做《剧本杀编剧训练营》的培训课程。

（2）阶段性节点。

就像每年的春节、中秋节、国庆节等节假日是旅游业的旺季，工作日是淡季一样，课程销量也会呈现淡旺季的阶段性节点。比如，当"金三银四"大学生求职季到来时，《简历面试课》就很好卖。

（3）老市场细分出来的新机会。

一些老生常谈的课程选题，基本上都有头部课程牢牢占据着大部分的市场份额，作为一个新人，你很难再有机会杀进这个领域。所以就需要创新，具体方式就是通过市场细分，切入一个新领域。

比如，市面上的《×××沟通课》太多了，但细分出来的《内向性格的沟通课》，也可以成为新市场的畅销课程。

长销逻辑和畅销逻辑是完全相反的。符合长销逻辑的课程，指的是那些销量常年持续稳定的经典课程。

长销的课程有很多，如公务员考试培训课、考研通关课、亲子教育课、职业发展课、情商沟通课等。

凡是符合长销逻辑的课程，你会发现，都具备以下 3 个基本特征。

① 用户基数足够大，并且稳定。

② 用户痛点或需求也很稳定。

③ 解决用户痛点的方法论也趋于稳定。

现在问题来了，在考虑到一门课程的市场前景时，到底是该做符合畅销逻辑的课程，还是符合长销逻辑的课程呢？如果课程制作者是一个培训机构，两种逻辑的课程都值得做，但如果是个人，建议优先做符合畅销逻辑的课程，可以通过吃红利或者吃市场细分的优势，在激烈的市场竞争中胜出。

用户需求

这里所说的用户需求，是指课程能够帮助用户解决某一方面的具体问题。比如，《奇葩说》团队打造的《好好说话》解决的就是用户在不同场景中的沟通问题。

那么，如何判断你的课程满足用户需求的指数高不高呢？

有两个判断维度：是刚需还是非刚需；是高频还是低频。

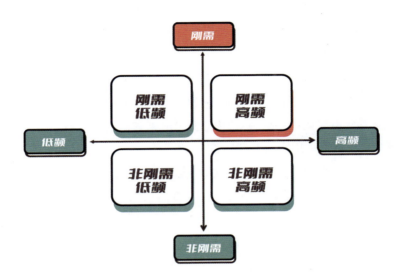

这两个判断维度组成的 4 种情况，按照需求指数从高到低分别为：刚需高频＞非刚需高频＞刚需低频＞非刚需低频。

当然，这种判断法是针对具体的用户的。不同的用户，对需求是否刚需和频率高低的判断不一样。

比如，对一个宝妈来说，亲子教育类课程是刚需高频，职场沟通类课程是非刚需低频；但对一个职场人士来说，则完全相反，职场沟通类课程是刚需高频，亲子教育类课程是非刚需低频。

在判断用户需求是否刚需和频率高低之前，我们往往会做一系列的用户需求调研，在做调研的过程中，很容易走入一个陷阱：我们这套课程满足的到底是用户的真需求还是伪需求？

解决用户真需求的课程，是指真正为用户解决实际问题，给用户带来实实在在的改变的课程。

而解决用户伪需求的课程，打着"为用户解决实际问题"的旗号，却只为用户起到"心理按摩"的安慰作用。这种课程要么昙花一现地畅销一阵，要么根本卖不动。

没有人在做用户需求调研的时候得出来的结果是"用户需求是伪需求"，但为什么就是避不开伪需求的陷阱呢？主要是因为在做用户需求调研的时候，用户表达出来的内容，往往存在很隐蔽的欺骗性——用户喜欢说一套，做一套。

（1）一个女生说我选老公的标准是：这个人要孝顺、帅气（伪需求），结果她选择了一个有钱人（真需求）。

（2）一个男生说我选老婆的标准是：要善解人意（伪需求），结果他选择了一个漂亮、身材好的人（真需求）。

（3）在制作《人人都能做一门好卖的课》之前，很多用户跟我说，他的需求是快速做出一门自己的课程，结果他真的用 3 天就把课程做出来了，但在做出来之后，他跟我抱怨课程做出来没用，卖不出去。所以，他所谓的"快速做出一门课程"是伪需求，"做出一门好卖的课程"才是真需求。

那么，怎么去辨别用户说出来的是真需求还是伪需求呢？我们可以借助"需求验证漏斗模型"来进行辨别。

需求验证漏斗模型一共分为 3 级。

第 1 级——what（用户表达）。

简单来讲，用户表达就是在你问用户相关问题的时候，用户都回答了些什么。用户回答的过程，就是发现需求的过程。

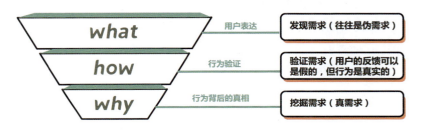

但千万要注意，这时候发现的需求往往是伪需求。你问一个中年妇女她现在的夫妻关系怎样，她会说："很好呀，没啥问题。"毕竟，没人喜欢将家丑外扬。

所以，要观察用户的真实行动，去验证你发现的需求。

第 2 级——how（行为验证）。

去观察用户的真实行动，以验证需求的真伪性。原因很简单，用户的反馈可以是假的，但其行为是真实的。比如，对于反馈自己夫妻关系很好的中年妇女，你要观察她跟丈夫相处的模式，发现他们经常各自坐在沙发的两头玩手机，几乎零交流，偶尔难得一次交流，却会因为一点小事而争吵。

第 3 级——why（行为背后的真相）。

除了行为验证，还要去挖掘行为背后的真相，这个真相才是真需求。比如，他们为什么零交流？为什么因为小事情爆发大争吵？表面上是沟通问题，实际上是亲密关系出了问题。

以下我用一个完整的案例，教你"需求验证漏斗模型"的使用方法。

用户表达（what）：我现在的沟通方式糟糕透了，我想要改善沟通方式，我要上《×××的沟通课》。

行为验证（how）：在上完课程之后，用户抱怨说："没什么用，根本不能缓和我和我老公的紧张关系。"

行为背后的真相（why）：她不是想改善沟通方式（伪需求），而是想改善夫妻的紧张关系（真需求），改善夫妻关系更适合去上讲解亲密关系的课程。

唯一性

爆款课程能够吸引用户的关键点在于唯一性（或者称为独特性、排他性）。知识付费是因为课程内容的稀缺性，如果同一选题的课程在多家平台可以免费获得，就会大大降低用户购买课程的可能性。

所以，在做课程选题时，要重点注意该选题是否已经严重同质化。

避免同质化有两种另辟蹊径的方法：一是市场细分；二是跨界整合。

我在前面已经详细讲过市场细分了，如《×××沟通课》可以细分出《内向性格的沟通课》。

我来重点讲讲跨界整合。跨界整合就是将两个有联系的领域整合在一起，产出一个全新的领域。

举个例子，我有一个学员，她是青少年英语老师，但是做英语培训竞争非常激烈，后来我建议她可以整合其他领域进行创新，玩出点新花样来。刚好她很喜欢美食，烧得一手好菜，虽然美食培训也已经竞争非常激烈，但将英语培训和美食培训做一个结合，把课堂搬进厨房，用英语教青少年如何做美食，打造了一个全新的培训赛道。现在她的《美食英语》课程就卖得特别火。

易用性

课程卖的不仅仅是知识，更是效果。用户希望通过学习课程，达到一个理想效果。因此，课程内容应该是用户学完后容易领悟并能立马上手的，实操性强，还容易出结果。比如，学完英语课程成绩马上提高 20 分；学完职业发展课，可以立刻和老板提升职加薪；学完公众号运营课程，立马可以策划增粉活动。

时效性

时效性主要看两点：结合热点和内容长久性。

如果你抓住热点借势出一套课程，这套课程就有可能会大受欢迎。比如，2021 年，抖音平台用流量扶持本地号，当猩学堂闻风而动，及时推出探店达人培训营，就非常应景。事实证明，作为全国第一个做探店达人培训的机构，当猩学堂赶上了这一波红利，课程销量确实很不错。

课程选题可以结合热点，但课程内容最好保持长期有效。内容背后的底层逻辑和方法技巧是有长久生命力的，这样才能保证一门课程尽可能卖得久一些。

结合热点和内容长久性，跟前面讲到的畅销逻辑和长销逻辑是一个道理，这就涉及一门课程的生命周期。

符合畅销逻辑的课程的生命周期比较短，普遍在几个月到一年。

符合长销逻辑的课程的生命周期就比较长，普遍在一年以上，但极限是 3 年。也就是说，3 年以后，这门课程就基本上卖不动了，除非你不断优化和迭代这门课程，能吸引更大规模的人群来报名学习。但在迭代几轮之后，它在本质上已不再是原来的课程，而是新的课程。

有些人可能会质疑，说得到 App 上的很多课程就卖了 3 年以上，它们怎么就没有生命周期的限制呢？

注意，课程一直在卖，不代表一直都卖得很好。比如，一门课程在五年销售期的前两年的销量是 30 万份，而这门课程在五年销售期的总销量还不到 31 万份。说明这门课程的生命周期只有两年，在后面三年时间里，销量新增还不到 1 万份，这仅仅是因为这门课程的长尾效应在起作用。

最后，我们将爆款选题的万能公式结合量表评分法，制作出一个"爆款选题的综合评分表"。这个表一共有 5 个维度，每个维度的评分为 0 ～ 10 分，将全部评分相加，综合评分越高，选题成为爆款的可能性就越大。一般来说，分数超过 30 分，说明这门课程有市场潜力，值得做。

为了让读者轻松学会爆款选题的综合评分表的使用方法，我把表格和案例一同呈现出来。读者在实战应用的时候，可以直接用这个表格来评估课程选题的爆款潜力。

课程	市场前景	用户需求	唯一性	易用性	时效性	合计
人人都能做一门好卖的课	7	6	8	9	8	38
21天零基础小白写作变现计划	9	8	3	8	9	37
做一个能接到品牌广告的博主	9	9	5	7	9	39
……						

3.3 爆款课程命名的通用技巧

按照做课的逻辑，在将爆款课程选题敲定之后，就要给课程起一个"吸睛"且能激发极强购买欲的名字。

很多人在做课的时候，把所有心思都花在了课程内容研发上，不重视课程名字，结果做出了 80 分的课程内容，却只取了一个 50 分的名字，严重拉低了课程整体销售效果。

课程名字就像一篇文章的标题，像一本书的书名，像一条广告的宣传语，属于一门课程的形象工程，其重要性不言而喻。用户在选择购买一门课程的时候，最先看到的是课程的名字，由此产生学习欲望，然后再详细了解课程内容。从用户思维的角度出发，好名字比好内容更重要。

课程命名虽然不能决定一门课程的生死，但绝对是打响课程爆卖的"第一炮"。

我们来讲解一下普通名字和高级名字之间的区别。

普通名字：课程制作训练营。

高级名字：人人都能做一门好卖的课程。

同样是教别人做课的课程，单纯看名字，如果是你，你会优先选择了解哪一门课程？

"课程制作训练营"把自己是一门什么样的课程给解释清楚了，好像也没什么毛病，但总感觉差点意思。

"人人都能做一门好卖的课程"首先会让你眼前一亮，然后会让你仔细琢磨，其中包括两个玄机。

第一，"人人都能做"说明做课的门槛不高，别人能做，我也能做，那我必须得了解一下。

第二，"一门好卖的课"意味着什么？意味着该课程容易变现，直接把用户想买这门课程的冲动情绪给表现出来了。

通过比较，你会发现好的课程名字都遵循了以下几个规则。

（1）名字不宜过长，15 个字是极限，超过 15 个字的课程名字容易出问题。因为一个人看一个课程名字的时间是 1 ～ 3 秒，所以，你只有 3 秒的机会吸引用户的注意力。

（2）因为名字的字数不多，所以承载的信息量也不能太多，一般有 3 个信息点就够了。解释清楚这门课是干什么的，以及用户为什么要学习这门课程，课程具备了这两个信息点就成功了一半。

（3）通俗易懂，不要绕。很多人为了彰显课程的高级，用了很多令人莫名其妙的词语。不要让用户思考，不要让用户烧脑，不要让用户增加认知负担。

（4）不要使用生僻字，不要使用很专业化的词语，不要跟用户玩文字游戏，这是课程命名最应该遵循的规则。

（5）要有清晰的记忆点。这一点很重要，因为用户看一眼名字，不可能记住所有文字，只记得住其中一两个能刺激他们感官的词语。比如，当猩学堂最新推出《超级个体引爆变现合集课》，这个课程名字明显的记忆点是：引爆变现。

现在我们知道了课程命名要遵循哪些规则，接下来我们重点讲一下课程命名的通用技巧。

课程命名一直是课程研发过程中非常重要的环节。课程研发团队也经常为了课程命名吵上几天几夜，原因在于，评价一门课程名字好不好是很主观的事情，子不嫌母丑，每个人都觉得自己取的名字是好的。后来，为了避免争议，我定了一个优秀课程名字的标准。基于这个标准，我总结出了课程命名的通用技巧。短短的课程名字由以下几部分组成：

（巧用数字）+（人群属性）+ 选题属性 + 清晰记忆点 + 学习动机

巧用数字

首先从视觉上来说，人类对具体的数字有着天生的敏感，对所有带数字的词句都会多看一眼。

其次，数字有一个很大的好处，就是能精准表达一种量大超值的感觉，抓住用户"如果不买自己就亏大了"的心理。

那么，应该巧用哪些数字呢？主要有两种：XX 节课（体现课程内容体量庞大）；XX 天（体现教学交付时间足够长）。

比如，《108 节手机摄影技巧课》《60 天人生写作变现实战营》，等等。

但不是所有的课程都能以量取胜，数量不是课程的主要卖点。当数字无法体现课程的优势时，你可以不用数字。

有数字体现当然最好，如果没有，可以用其他方式来体现课程的优势。巧用数字不是必选项，而是备选项。

人群属性

所谓人群属性，是指你这门课程适合谁来学习。这可以让目标用户群体对号入座，觉得你这门课程就是为他们量身定制的，有强烈的身份认同感，能极大增加他们购买课程的动力。

比如，《零基础小白影视剪辑入门课》《Excel 高手进阶强化营》，等等。

课程名字的字数不能太多，因此承载的信息量也不能太多，所以，一个课程名字有时候会兼顾不到人群属性。当然，人群属性和数字一样，可用可不用，没有强制性要求。

有强制性要求的，也就是课程名字里面必须带的内容：选题属性、清晰记忆点和学习动机。这 3 项内容分别传递 3 个方面的信息：课程是什么；这门课程为什么值得学习；学习这门课程有哪些收获。

选题属性

选题属性简明扼要地解释这是一门什么课程。是经济学课、亲密关系课、视频剪辑课？还是中医养生课？

比如，《知乎图文带货稳赚计划》《超级个体引爆变现课》，等等。

不管什么课程选题，一定要在名称上体现出来，这是必选项，否则这个命名就是失败的。

清晰记忆点

一个课程名字大概在10个字左右（极限是15个字），用户看一眼是记不住完整名字的，只记得住其中几个字或一个词，这几个字或一个词就是清晰记忆点。

清晰记忆点有什么作用？清晰记忆点不仅是打响这门课程的招牌，还是刺激用户购买课程的重要筹码。

清晰记忆点的用词主要有两种：激发情绪的词语和充满人性诱惑的词语。

人有80%以上的决策都是靠情绪决定的。你自己买了多少用不上的东西？哪一样不是脑子一热、一时冲动就买下来的？有时候你也很委屈："情绪都被烘托到这了，不买都不行了。"这就是激发情绪的词语的作用。

你掌握了人性，就等于掌握了销售的密码。因为表面上你卖的是课程，实际上你卖的是人性。所以，充满人性诱惑的词语，也容易成为清晰记忆点。

激发情绪的典型词语有：爆款、引爆、超级、逆袭、特别、很火、破圈、十足、快速、超值、超高、效果爆棚……

充满人性诱惑的典型词语有：省钱、省时、变现、稳赢、轻松、简单、变瘦、变美、零门槛……

比如,《素人也能火博主必修课》《轻松玩赚团购探店达人》。

学习动机

学习动机是指激发学员向某个学业目标努力的一种动力倾向。它包含学习需要和学习期待两个要素。要想明确学员的学习动机,就要先明确学员学习课程的最终目的是什么,以及在学完课程后有哪些收获。一个好的课程名字能够让学员明显看到自己在学完这门课程之后,能达到怎样的目标和结果。

学习动机是课程名字的最后"撒手锏",是促使用户下定决心购买课程的那一颗"定心丸"。如果没有明确的学习动机,课程名字至少要逊色一半。

比如,《做一个能接到品牌广告的博主》(学习动机:接到品牌广告)、《写作升级稳赢就业班》(学习动机:稳赢就业)。

第4章

如何快速做出人生的第一门课程

在敲定课程选题、明确课程名字之后，我们就正式进入了课程研发阶段。

课程研发是一个涉及多个维度的系统工程，如果你不能把它梳理成一个框架性结构，就会发现课程研发很复杂，抓住这个漏了那个，感觉就像按住葫芦起了瓢，特别难受。

我们在过去5年时间内研发了上百门课程，辅导了上千个学员制作课程，总结出一套制作课程全景地图。

本章的内容将详细还原制作课程全景地图的5个核心要素：出发、登顶、达成路径、内容和交付。这5个核心要素构成了从0到1制作一门课程的全部流程。这也是本书最重要的方法论。可以这么说，你只要掌握了这5个要素，就能制作任何你想制作的课程。

4.1 课程制作全景地图

我们来想象一个场景：你计划要去攀登一座山，现在你准备从家里出发，那么，家门口就是旅程的出发点，而那座山的顶峰就是旅程的终点。你从家门口到真正登顶，有很多条路线，你选择了最合适你的那条,这条路线叫达成路径。在这段攀登的过程中，你要看很多相关的说明和介绍，要看很多的攀登攻略，你看的这些东西叫内容。最后，终于如期登上峰顶，也可能因为种种原因，没有抵达峰顶，半途发现意外惊喜，放弃计划要攀登的地方，转头去了其他新的地方，这叫结果交付。回顾这一路走来，有哪些人帮助了你？有哪些人给了你很好的建议？是开心愉悦收获感满满的，还是疲惫糟心各种一言难尽的？这个叫体验交付。

我们要做一门课程，和你要去攀登的全景地图是一样的。整张地图有 5 个关键的核心要素：出发、登顶、达成路径、内容和交付。

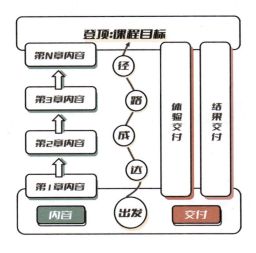

出发：用户在学习这门课程之前处于什么样的状态？即用户画像。

登顶：你要把学习这门课程的用户培养成什么样的人？即课程目标。

达成路径：用户在报名后，要想达成课程目标，要经过多长时间、几个阶段的学习？

内容：在学习期间，每个阶段要学习哪些内容，要掌握哪些方法和技巧？

交付：本质上是教学服务，也就是在用户学习过程中，你都提供了哪些教学手段，来降低用户的学习难度，提升他们的学习体验，助力他们最终达成课程目标。

我们以《玩赚探店 & 团购带货达人》这门课程为例，来完整还原课程制作全景地图的具体操作步骤。

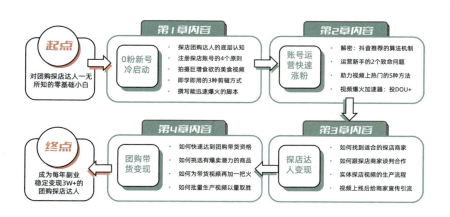

出发：对团购探店达人一无所知的零基础小白。

登顶：成为每年副业稳定变现 3 万元 + 的团购探店达人。

达成路径：0 粉新号冷启动→账号运营快速涨粉→探店达人变现→团购带货变现。

我简单解释一下达成路径的底层逻辑：报这门课程的用户仅仅是抖音爱好者，只刷抖音，不运营抖音账号。而我们这门课程的目标，是把这群新手小白培养成每年稳定变现 3 万元 + 的探店达人。所以，第 1 步要先教他们如何实现 0 粉新号的冷启动，第 2 步教他们如何进行账号运营实现快速涨粉，有粉丝就有流量，有流量就可以开始变现。变现的方式主要有两种，也就是第 3 步的探店达人变现和第 4 步的团购带货变现。

课程内容：

第 1 章：0 粉新号冷启动

- 探店团购达人的底层认知
- 注册探店账号的 4 个原则
- 拍摄食欲爆满的美食视频
- 即学即用的 3 种剪辑方式
- 撰写能迅速爆火的脚本

备注：第 1 章系统教会学员打造一个抖音探店账号的所有技能，包括注册账号、拍摄视频、视频剪辑、撰写脚本等。

第 2 章：账号运营快速涨粉

- 解密：抖音推荐的算法机制
- 运营新手的 2 个致命问题
- 助力视频上热门的 5 种方法
- 视频爆火加速器：投 DOU+

备注：第 2 章将重点讲解运营抖音账号并实现快速涨粉的所有技巧，包括运营新手要避开哪些坑、助力视频上热门有哪些方法、如何投 DOU+，等等。

第 3 章：探店达人变现

- 如何找到适合的探店商家
- 如何跟探店商家谈判合作
- 实体探店视频的生产流程
- 视频上线后给商家宣传引流

备注：第 3 章围绕"探店达人变现"这个主题，打通探店达人变现的全流程，包括怎么去找探店商家、在找到之后运用哪些筹码跟探店商家谈合作、在敲定合作之后如何拍摄探店视频、在视频拍摄出来之后如何给商家宣传引流，等等。

第 4 章：团购带货变现

- 如何快速达到团购带货资格
- 如何挑选有爆卖潜力的商品
- 如何为带货视频再加一把火
- 如何批量生产视频以量取胜

备注：第 4 章的逻辑和第 3 章的逻辑是一样的，打通团购带货变现的全流程，包括如何快速达到团购带货的资格、如何挑选有爆卖潜力的商品、如何通过一系列的运营手段让带货视频更火、如何通过批量生产带货视频以量取胜，等等。

教学交付：在学习期间，有经验丰富的助教一对一全程辅导，解决上手难、上手慢、上手没效果的问题；有班主任陪伴式督学，对抗惰性；每周有一次直播答疑，进行作品点评；只要完成每周的作业，或拍摄一条爆款视频，即可解锁众多奖品福利等。不仅学习成果看得见，学习体验也很好。

通过一个完整的案例，相信你对课程制作全景地图的框架应该有了大概的认知。不过现在要让你基于这套课程制作全景地图去做一门课程，你还是不知道要从哪里入手。这不是因为你笨，而是因为从了解到认知再到做到，是一个循序渐进的过程。

接下来，我把课程制作全景地图的 5 个核心要素逐个拆分出来，然后进行详细的分析和讲解。

4.2　出发——如何定义你的目标用户

什么是课程的出发点？

为了让你更加深刻地理解课程出发点的概念，我把课程登顶的概念放在这里一起解释。

课程出发点是指用户报名学习之前的真实画像，课程登顶是指用户报名学习后会变成怎样。比如，《魅力声音提升实战营》这门课程，其课程出发点是指用户报名之前，他的声音特别难听。课程登顶是用户学完课程之后，他可以拥有像主持人一样的声音，充满磁性魅力。

所以，课程出发点的核心任务是定义目标用户画像。当然，在定义目标用户画像之前，要先找到你的目标用户。

4.2.1　怎样才能找到你的目标用户

你做出来的课程，不是艺术，是产品，所以做课不是为了独自欣赏，而是为了把课程卖出去。可是谁会买你的课程，在做课之前，你心里应该有底，这样才会让你在做课的时候，有具体的对象。为小朋友、成年父母、职场小白、部门经理而做的课程，其底层逻辑和研发套路是完全不一样的。

你可能会说，我知道明确目标用户的重要性，但是我第一次做课，没有经验，去哪里找我的目标用户呢？下面我给你介绍3种寻找目标用户的方式。

从竞品课程的目标用户群体中筛选

这个方法适用于你要研发的课程在市面上已经有成熟的竞品课程。你对此关注和研究已久，对竞品课程的内容和目标用户了如指掌。

那么，竞品课程的目标用户群体就是你课程的目标用户群体，你要做的就是创立区别于（最好优于）竞品课程的方法论。

在这种情况下，我们往往会面临激烈的竞争，因为你的竞争对手基于先发优势，建立了竞争"护城河"，如果你研发的课程没有精彩到直接碾压竞争对手，那么你大概率会败下阵来。

应该如何突围呢？最好的办法就是对目标用户群体进行细分，在某一类小众用户群体中做到极致。

举个例子，同样是沟通课程，市面上卖得很好的沟通课程能覆盖的沟通场景有很多，包括家庭沟通、朋友沟通、情侣沟通、同事沟通、客户沟通、陌生人的破冰沟通等，相对应地，覆盖的目标人群也很广泛。

你可以把你的沟通课程专注于陌生人之间的破冰沟通这个小领域，并把它做到极致，专门吸引有社交恐惧但又渴望打破自己所属圈层的那一部分人来学习。

从课程提供的价值反推潜在目标用户

当你已经敲定了自己的课程选题，对课程方法论所提供的价值非常清晰时，你可以利用反向思维，基于课程价值，反推潜在目标用户群体，你可以思考一下：这门课程适合哪些人学习？能提升他们的哪些认知？能教他们哪些技能？能帮助他们解决哪些问题？他们当前的生活状态是怎样的？他们有哪些需求和痛点未被满足，有哪些愿望和梦想没有实现？

这种反推法可以直接把产品价值转化为需求筛选度量，通过大规模、全面覆盖的调研，筛选出目标用户群，再总结共性形态。实际上，这是一种由结果推导出源头的方式。

使用反推法来寻找潜在目标用户，有以下两个重要步骤。

第 1 步，梳理你的课程能帮助别人解决哪些问题。

第 2 步，这门课程适合哪几类人学习？

举个例子，我曾经研发过一门课程——《30 天超级文案变现实战营》，我是怎么寻找这门课程的潜在用户的呢？

第 1 步，《30 天超级文案变现实战营》能帮助你解决以下 5 个问题。

（1）教你突破不敢销售、不好意思卖东西的心理障碍。

（2）教你 20 多个应对不同场景的文案小技巧，30 分钟写出一条 80 分以上的文案。

（3）教你掌握超级用户思维，让你写的每一个字都进入用户心坎里，感动自己、感动他人。

（4）教你写朋友圈文案、公众号卖货文案、私聊成交文案、社群成交文案、电商文案、招牌文案、短视频带货文案、小红书种草文案等 8 种文案。

（5）加速文案变现，让你看到通过文案变现，并在副业中赚到第一桶金的可能性。

课程解决问题的方案出来了，哪些人会遇到这些问题？哪些人最需要这些解决方案？

第2步，《30天超级文案变现实战营》适合哪些人学习？

（1）个体创业者：宣传自己的产品，产品销量暴涨几十倍。

（2）开店生意人：推销自己的门店，助力业绩翻倍。

（3）微商从业者：提升产品宣传文案的吸引力，助你日进斗金。

（4）打造个人品牌：把自己打造成移动广告牌，强化影响力。

（5）全职宝妈：一边带娃，一边赚钱，利用微信聊天就把钱收了。

（6）自媒体带货者：长期稳定收益，实现持续性的"睡后"收入。

需要注意的是，我们在对外宣传课程的时候，可以尽可能多地覆盖多类人群，但我们要对这几类用户进行分层，至少分为两层：核心用户和边缘用户。

比如，《30天超级文案变现实战营》的用户分层是这样的：核心用户——个体创业者、开店生意人、微商创业者、打造个人品牌者；边缘用户——全职宝妈、自媒体带货者。

用户分层有利于我们在销售课程的时候做到有的放矢，即花80%的精力精准地拿下核心用户，再用20%的精力去争取边缘用户。若争取不了，就不要执着，赶紧放弃，把时间省出来去重点跟进核心用户，这样可以大大提高成交效率。

先假设，再去验证潜在目标用户

这个方法来自《精益创业》一书中的MVP产品模型。所谓

MVP 产品，是指最小化的可行性产品。MVP 产品开发理念不是一开始就花很多钱生产出一个看似非常完美的产品，而是首先开发一个最小化的产品，然后测试产品的可行性，只有经过市场验证这个产品很受欢迎，才进行批量化的大规模生产。

同理，当你不确定你研发的课程有没有价值，也不确定要面向哪一类目标用户时，先搞一个 MVP 小课程去测试你的潜在目标用户。

那么应该怎么测试呢？有两个步骤：第 1 步，假设；第 2 步，验证。

两个步骤串联起来就是，首先在一个清晰的假设前提下，预测你有 N 类目标用户，然后用具体的实验去验证这 N 类目标用户中哪几类是你真正的目标用户。

举个例子，我们曾经研发过一门课程叫《做一个能接到品牌广告的博主》，当时我们假设对这门课程感兴趣的人是那批想做副业的年轻人，但这个种群太宽泛了，不够聚焦。

于是，在卖课前期，我们先进行目标人群的验证。验证的方式有两种：视频验证和小群体验证。

视频验证

首先把课程最精华的部分拍成几个系列视频，然后上传到抖音上，看看有没有用户点赞、收藏和评论，或者在你的私域发起众筹，测试一下有没有意向用户提交定金。最后综合分析用户点赞、收藏、评论，以及提交定金的用户画像是怎样的。

小群体验证

如果你是小 KOL（Key Opinion Leader，关键意见领袖），可

以招募小规模的（20人左右）粉丝群体。如果你没有粉丝，则可以在你的个人私域招募小规模的意向群体。

完成招募之后，你可以把课程最精华章节中的一部分内容讲给他们听，时间控制在1小时左右，讲完之后，听听他们的想法。最重要的是，邀约他们提交定金，在购买课程时，提交定金者可以享受很大的优惠。因为用语言来表达喜欢可能会存在恭维的成分，愿意用真金白银表达喜欢的用户才是真正的目标用户。

你还记得前面讲过的"需求验证漏斗模型"吗？用户反馈可能会不准确，但行为不会。这就是设置提交定金环节的原因。

我们为《做一个能接到品牌广告的博主》这门课程做了视频验证和小群体验证，并梳理了3类核心用户。

（1）自己本身是博主，但接不到品牌广告。

（2）自己本身是短视频运营者，但业务一直没有起色。

（3）职业发展遇到瓶颈，想发展副业的年轻职场人士。

4.2.2　怎样定义目标用户画像

找到目标用户之后，要进行目标用户画像。什么是用户画像，它跟目标用户是什么关系？

用户画像又称用户角色，在实际操作过程中，我们往往会以最浅显和最贴近生活的话语将用户的属性、行为与需求等各方面连接起来。

目标用户是指什么人？用户画像是指什么样的人？

比如，目标用户是全职宝妈，而对应的用户画像是高学历、大龄，"望子成龙"执念强，对孩子要求很高，每天把孩子的学习时间安排得满满的，要求孩子必须照做，没有商量的余地……

简单来讲，用户画像是目标用户描述的详细补充，让你更加了解目标用户的性格、需求、生活场景和具体问题等。应该将用户的具体信息抽象化，并做成标签，利用这些标签将用户形象具体化，从而让你在创立课程方法论的过程中，为用户提供有针对性的解决方案。

传统的用户画像的建模方式主要是描述用户的性别、年龄、学历、职业、收入、城市、婚姻状况、兴趣爱好等。我们应把能了解到的所有用户信息都罗列一遍，变成长长的一段话。

我们在整理《人人都能做一门好卖的课》这门课程的用户画像时，课程研发经理给我的初版的用户画像是这样描述的。

她是一位 25 岁的职业女性，毕业于 211 大学，现在在互联网行业从事设计工作，中等收入，是一位重度付费用户爱好者，她居住在北京，单身，平时喜欢摇滚乐，喜爱日本料理……

看到这个用户画像时，你有什么感觉？我感觉像写了一大堆废话，除了增加我的认知负担，其他的作用一点都没有，对我策划《人人都能做一门好卖的课》的课程，没有一点参考价值。

真正有用的用户画像一点都不复杂，只需要从 3 个维度描述就可以了。

描述用户画像的 3 个维度。

第 1 个维度，能力。

目标用户有哪些能力？能做什么？如果是零基础的用户，就直接描述为小白。

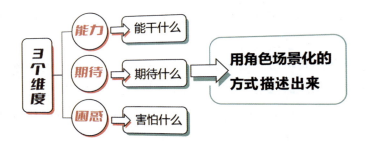

第 2 个维度，期待。

目标用户有哪些未被满足的需求？他特别期待什么，渴望得到什么？

第 3 个维度，困惑。

目标用户有哪些痛点和困惑？他害怕什么，担心什么？

为什么是这 3 个维度呢？

因为能力代表了一个人当前的学习认知水平，这是课程研发的前提和基础。如果他是职场小白，就不能给他讲中层管理的内容。

期待和困惑分别代表希望和恐惧。追求希望和消除恐惧是一个人愿意通过购买课程去学习的最大的两种动力。

基于以上 3 个维度，我们在描述用户画像的时候，要用角色场景化的方式描述出来。为了让你能够进行傻瓜式的操作，我把它简化成了一个公式：

角色场景化描述 = 什么人 + 有什么能力 + 期待什么 / 困惑什么

需要注意的是，期待什么和困惑什么在绝大部分情况下是二选一的，没有必要两者都描述。

举个例子，《人人都能做一门好卖的课》的用户画像是如下定义的。

（1）从事课程研发岗位的人急需一本课程研发的指导手册。

（2）有一技之长或有一些经历能分享给他人、帮助他人的人。

（3）他们本身就是线下老师或业内专家，急需一套优质的线上课程，以作为他们的变现产品和项目。

（4）有一定职业或行业积累的人，希望能做一项副业的人。

（5）适合有爱好、有分享欲的人通过研发课程成为某领域的专家。

（6）适合已经有自己的知识产品，但希望提升课程质量的知识 IP。

4.3 登顶——如何设计你的课程目标

我们在前面讲过课程出发和课程登顶的概念。

课程出发是指用户在报名学习之前真实的用户画像，课程登顶是指用户在报名学习之后会变成怎样。

这里说的课程登顶就是课程目标。课程目标从本质上解决了两个问题：

（1）这门课程能卖给你什么？

（2）这门课程为什么值得你购买？

每一门课程的课程目标不一样，即使是同一类型的课程，或者由不同的培训机构、不同的主讲老师研发出来的课程，其课程目标不一样。举个例子，同样是写作课程，有的课程目标是教你掌握写作技能的，有的课程目标是教你通过写作进行心理疗愈的，还有的课程目标是教你通过写作变现拿到人生的第一笔稿酬的。

设计课程目标的筛选漏斗模型

课程目标没有正确和错误之分，只有合适和不合适的区别。那么，你应该如何设计一个合适的课程目标呢？这里给你提供一个设计课程目标的筛选漏斗模型。

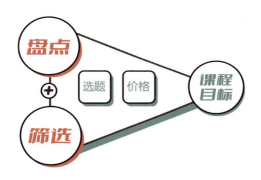

设计课程目标的筛选漏斗模型是由两个关键动作组成的，即盘点和筛选。

先说盘点，需要盘点的是你所拥有的一切优势和资源。无论这些资源和优势有没有用，都要先列出来，形成一个清单，清单中列出的内容越多越好。

列出来清单之后，下一步是筛选，剔除不合适的内容，留下合适的内容。什么是合适的内容，什么是不合适的内容呢？有两种筛选标准。

第 1 种筛选标准是选题，你的优势和资源要与课程选题搭配。如果跟选题不搭配，那么资源和优势再好也不能发挥作用。比如，你很擅长营销，积累了不少线下的商家资源，但是，如果你的课程选题是写作变现，那么这些优势和资源就完全与课程选题不搭配。简单来讲，重要的不是你有什么，而是目标用户需要什么。

第 2 种筛选标准是价格。多少钱买多少货，这种逻辑在设计课程目标时同样适用。比如，300 元的写作课程和 3000 元的写作课程提供的价值和资源是完全不一样的。又比如，课程优势是能教你写热点文、情感文、故事文、种草文、拆书稿等文体，还是能为你提供很多投稿合作资源、出版社资源和大咖组织的读书会资源等。

300 元的课程只能教你以上的两三种写作文体，而且无法提供各种资源，其课程目标是提升写作技能。

3000 元的课程可以教你以上所有写作文体，还能为你提供更多的资源，不仅教你如何写作，还教你如何投稿，快速拿到人生的第一笔稿费，其课程目标是写作变现。

设计课程的 6 个共性目标

设计课程目标的筛选漏斗模型只是给你提供了一个设计课程的基础流程，但课程目标最终呈现成什么样子，是设计课程目标的筛选漏斗模型无法解决的。

虽然每个课程目标都不一样，个性定制的成分很多，但是其个性化背后的底层逻辑还是有很多共性的。课程目标的本质是给用户提供价值，在用户的心中形成付费购买的充分理由，所以，从用户学习的获得感中倒推，你就能够理解，无论课程目标看上去多么眼花缭乱，设计课程目标都是基于以下 6 个共性目标衍生而来的。

第 1 个共性目标，可以学到某种知识

通过学习可以掌握某些理论、概念等具体的知识，从而提升认知，扩展自己的知识边界。比如，用户通过樊登讲论语课、华彬讲儒家思想课等学到中国古代文化知识，还可以通过很多心理学家、经济学家等各个领域的学科通识课，掌握该领域全面、权威、前沿的知识体系。

第 2 个共性目标，可以理解某种现象

"理解某种现象"是指你本来对日常生活中的很多现象看不清楚，琢磨不明白，通过学习你可以理解现象背后的原理了。比如，通过薛兆丰的经济学课，你可以理解"为什么绝大部分东西越来越便宜，而药价越来越高""为什么女人越来越自由了""政府规定的养老保险，究竟是谁支付的"等社会现象。

第 3 个共性目标，可以解决某类问题

很多时候，我们报课程的原因是我们遇到了自己无法解决的问题，渴望通过学习，找到一套科学、高效的解决方案。比如，通过学习亲子教育课程帮助父母解决辅导孩子作业的问题；通过参加脱单训练营解决年轻人的单身问题；通过学习考研通关课程解决多次考研失败的问题等。

第 4 个共性目标，可以掌握某种技巧

掌握某种技巧是成人职业教育最常见的课程目标，通过学习丰富自己的技能，发现更多的发展机会，提升人生竞争力。比如，

视频剪辑入门课、抖音运营课、玩赚探店＆团购达人课、人人都能做一门好卖的课等都属于技能类课程。

第 5 个共性目标，可以得到某种承诺

因为知识付费行业零门槛准入，并且没有任何条件限制，谁都可以轻易地进入该行业，导致在整个行业中"割韭菜"成了知识付费的代名词，严重拖累了那些真正用心做教育的人，往往很多好课程也被"一棍子打死"。

这个僵局怎么破呢？很多人想到了终极大招——结果承诺。有些培训机构对教学质量特别有信心，只要学员报名，就保证承诺的某种结果，如果没有达到承诺的某种结果，就给你退一半款或退全款。比如，很多考研培训机构承诺，只要学员报名，就保证他考研通关成功。如果学员考研失败了，就可以无限次免费参加复训，直到他考研通过为止。我之前开办过运营就业承诺班，承诺学员只要报名学习运营课程，就可以保证他进入互联网大公司，如果就业失败，就会给他退款。

又比如，我之前研发过一门《写作升级稳赢就业班》课程。只要学员报名，我们就保证他成为写作导师，稳定就业，如果学员没能成为导师，那么就给他退一半款。

"可获得某种承诺"的课程，通常叫作承诺班。承诺班在招生的时候一般比较严格，会有能力测试或面试环节，只有通过了能力测试和面试才有报名资格，这就在源头上把很多潜在的退费用户筛选出去了。

当然，并不是所有的承诺未达成就无条件给你退款，在退款之前，承诺班会界定未达成承诺的原因是出于学员自身还是出于

教学效果。如果是因为学员从不听课，也不完成作业，那么即使课程再好，老师再厉害也没用。一般在这种情况下，承诺班是不会给学员退款的。

承诺班一般都会在学员报名的时候附带合同。在合同里有明确的学习权益和退款条件，这样能避免双方在后续退款的纠纷上相互扯皮。

第 6 个共性目标，可以获得某种资源

你花钱买的不是课程，而是课程附带的资源。如果你是知识付费爱好者，那么你会发现一个现象：课程本身并不贵，真正贵的是课程附带的独家资源。如果只是一门写作技能提升课程，那么只能卖几百元，但如果为这门写作技能提升课程附带海量的投稿资源，学员学完课程之后给他提供靠谱的投稿渠道，这样就变成了一门写作变现课程，价格可以达到几千元，两者的价格会相差 10 倍以上。

资源的类型有很多，包括人脉资源、圈子资源或特殊渠道资源等。比如，学完创业课程之后，只要学员有好的创业项目，老师就会给学员对接优质的融资机构或风险投资人，这对正在创业的学员来说，吸引力很大。

很多人学完以上 6 个共性目标之后，有一个很大的困惑，那就是共性目标那么多，在设计课程的时候，我到底选择哪一个共性目标适合？

为了让课程方法论更加落地，我整理了一个详细的表格，区分了每一类课程目标，明确了它们分别适合为哪一类人群开发哪一类课程，你根据自己的实际情况对号入座即可。

课程目标	对应的课程类型	适合人群
可学到某些知识	认知增量类	在某个领域有丰富的知识储备，对某个知识点有新颖、独特的见解
可理解某些现象		
可解决某些问题	认知增量类、技能提升类	在某个领域有一技之长，且有丰富的实战经验和方法技巧
可掌握某些技能	技能提升类	
可得到某种承诺	咨询陪跑类	不仅有丰富的实战经验，还有丰富的教学经验，对教学效果非常自信
可获得某些资源	咨询陪跑类、圈子人脉类	有强大的个人品牌势能，或者掌握着很多稀缺的渠道资源

　　但是，在设计课程目标的时候，有一个很重要的事项一定要注意。那就是每一门课程的课程目标可能不止一个，可能会有两个甚至多个。

　　比如，亲子互动教育课，也就是父母和孩子必须一起上的课程，既可以为你解决某些问题，又可以让你掌握某种技能。又比如，玩赚团购探店达人课程，你既能掌握团购带货和探店的技能，又能获得线下探店的商家资源，这就实现了让新手有店可探，真正打通技能＋变现的完整路径。

　　在设计课程目标时，到底是设计一个还是多个课程目标？主要有两个参考指数：教学服务好不好及课程定价高不高。

　　一般来说，课程定价越高，教学服务越好，课程目标设计得越多。几十元的课程教学服务水平一般，只需要设计一个课程目标就可以了，上千元的课程教学服务比较好，其课程目标可能会增加到 3 个。

4.4　达成路径——如何梳理你的课程大纲

在前面我们讲了课程出发和课程登顶。从课程出发到课程登顶，要学习的知识、掌握的技能，以及要提供哪些教学服务的哪一段完整历程就是达成路径。

我们以《人人都能做一门好卖的课》这门课程为例。课程出发为有知识储备或有一技之长但为做课小白，课程登顶为能把知识储备或一技之长转化成一门课程的做课程高手。从做课小白到做课高手的那一段"升级打怪兽之路"就是达成路径。

梳理达成路径的最大障碍在于它的混乱。从做课小白到做课高手要学习的东西太多了，要掌握的技能太复杂了，要提供的教学服务太全面了，你会感觉课程出发和课程登顶之间有很多内容，杂乱无章，不知道重点在哪里，不知道先讲什么，后讲什么。进一步地说，你会不知道怎么讲，以及怎么讲得有节奏、有层次、有逻辑、有结构。

我们刚开始研发《探店达人实战营》这门课程的时候，计划要交付的内容太多了，要教学员怎么注册账号、怎么进行账号定位、怎么写脚本、怎么拍摄视频、怎么剪辑视频、怎么去实体商家探店、怎么和商家老板谈合作、怎么运营抖音来迅速涨粉、怎么让短视频上热门……加起来一共有几十个知识点，而且这些知识点都是混乱的，就像一颗颗散落的珍珠，而没有一根线把它们串成一条项链。

达成路径的清晰与否将在很大程度上影响最终的学习效果。我们来对比一下，达成路径清晰和达成路径混乱的区别有哪些？

达成路径清晰是指达成路径明确、清晰的课程，学员学习起来轻松、愉快，虽然会累，但收获感极强，知道自己每天先学什么，后学什么，知道哪些知识点需要重点掌握，哪些知识点只需要了解即可，次重点明确，有条不紊地前进，一步步成长为高手。

达成路径混乱是指达成路径不清晰的课程，学习起来不知道重点在哪里，也不知道今天学的知识点和昨天学的有什么关系，好像所有的知识点都掌握了，但就是不知道怎么做，等于白学了。

所以，在达成路径这个环节中，最重要的是梳理清晰课程框架结构。

4.4.1　梳理课程框架结构的 5 种套路

梳理课程框架的过程就是由达成路径混乱到清晰的过程，梳理课程框架结构需要一项很重要的能力，那就是基于某种规律进行系统的归纳整理。

如下图，方块代表的是一个个知识点，但这些知识点刚开始是零散的，无规律摆布的，你看不出这些知识点之间有什么内在关联，学习起来非常吃力，因为你的大脑记不住这些无规律的知识点。

当你基于某种规律，把这些杂乱的方块（知识点）整理成在横、竖方向统一的大型方块时，学习起来就会轻松很多，你的大脑喜欢这种有规律的、系统化的知识点。

梳理课程框架结构确实很费脑筋，因为如果没有逻辑思维做抓手，那么无论怎么"排兵布阵"都不对，但如果有方法，就可以化繁为简了。

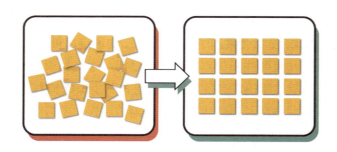

接下来，我给你介绍一下，我们在梳理课程框架结构的过程中，最常用到的 5 种套路。

金字塔结构

金字塔结构源于芭芭拉·明托的《金字塔原理》一书，芭芭拉·明托当初发明的金字塔结构主要用于结构化的思考和沟通技术，由于金字塔结构实在是太好用了，后来各行各业的人都把它用到自己的领域中。

所谓金字塔结构，就是按照先总后分的结构进行呈现，即首先呈现出结论，然后再一一呈现论点和论据（如下图），形成一个金字塔形，所以称为金字塔结构。它主要有三大优点：重点突出、主次分明和逻辑清晰。

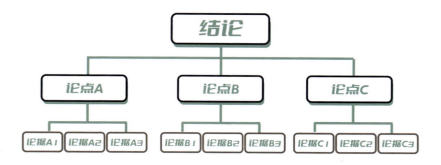

金字塔结构主要有 3 个原则：结论先行、以下统上、归类分组。

原则 1：结论先行

简单来讲，结论先行是首先直接亮出结论，然后用多个论点和充分的论据阐述、解释和证明这个结论。

结论先行最大的好处是能聚焦中心内容，让我们知道贯穿整个学习周期的主题。如果一门课程没有结论，那么学员学着学着就会跑题，会不知道第一节内容和第二节内容有什么联系，会学了前面的，忘了后面的。

原则 2：以上统下

以上统下是指在金字塔结构的纵向中，上一层是下一层的核心观点或结论，上一层内容统领下一层内容。

举个例子，前面我们讲过，爆款课程选题符合"4 个标准"，分别为小、实、专、新。这里的"4 个标准"是核心观点，统领着下一层的"小、实、专、新"4 个分论点。

原则 3：归纳分组

归类分组是根据信息的共同属性把它们放在一起，所谓的共同属性包括但不限于性质、功能、方向、层次、对象、时间等，这样做的好处在于，能够减少我们记忆和理解的难度，从而让我们更好地接收信息。

这个很好理解，比如，我们制作一门写作变现课程，肯定会把写作技能的内容归纳为一类，把写作变现技巧的内容归纳为另一类。

我们在梳理《人人都能做一门好卖的课》这门课程的框架结构时，用的就是金字塔结构。

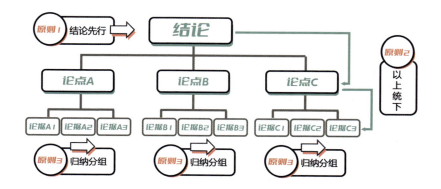

结论：课程制作全景地图；

论点 A：出发；

论点 B：登顶；

论点 C：达成路径；

论点 D：内容；

论点 E：交付；

论点 A（出发）的分论点分别为：找到目标用户、定义用户画像；

论点 B（登顶）的分论点只有一个：设计课程目标的 6 个方向；

论点 C（达成路径）的分论点分别为：梳理课程框架结构的 5 种套路、精致包装你的课程大纲；

论点 D（内容）的分论点分别为：减少内容的理解障碍、增加内容的学习体验；

论点 E（交付）的分论点分别为：结果交付、体验交付。

当然，还可以继续归纳分类和细化。比如，设计课程目标的 6 个方向分别是哪 6 个方向。但这是具体的内容部分，可以体现在不同的课程框架结构中。

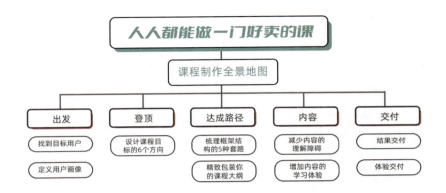

黄金圈结构

黄金圈结构的发明人是西蒙·斯涅克，他本来只是美国的一个普通营销人员，因发明黄金圈法则的概念而闻名，他基于黄金圈法则写了一本书叫《从为什么开始》而轰动世界。此后越来越多的人邀请他去演讲，从五角大楼到联合国，再到好莱坞……他的演讲成为 TED 历史上较受欢迎的十大演讲之一。

那么，黄金圈到底是什么？它有什么魅力？它凭什么可以让一个普通人成功逆袭成为全球名人？

黄金圈结构指的是 3 个套在一起的圈。最里面的圈是 WHY，中间的圈是 HOW，最外面的圈是 WHAT，因此叫作 2W1H 结构。

WHY 是最里面的圈，主要讲的是动机，比如目标、使命、理念和愿景。

HOW 是中间的圈，主要讲的是方法，也就是具体的操作方法和路径。

WHAT 是最外面的圈，主要讲的是具体特性，说明这件事情是什么，有什么具体的特点或你已经达成什么样的结果。

黄金圈结构的使用方法非常巧妙，分为两种方式：框架结构梳理和框架结构表达。

框架结构梳理的顺序为：WHAT–HOW–WHY

框架结构梳理的顺序是由外而内进行的，也就是你首先看到什么现象（WHAT），然后你开始好奇这是怎么做的（HOW），最后你去研究他们为什么要这样做（WHY）。

框架结构表达的顺序为：WHY–HOW–WHAT

框架结构梳理出来之后，在进行框架结构表达时，顺序是完全相反的，即由内而外进行。首先说为什么要这样做（WHY），然后说他们是怎么做的（HOW），最后说他们具体做了什么，达成了哪些结果（WHAT）。

现在，我们可以很清楚地知道，在使用黄金圈结构时，框架结构梳理应该怎么做，框架结构表达又应该怎么做。

你可能会问：在框架结构表达时，为什么要把 WHY 放在最前面？原因很简单，WHY 最能激发一个人的学习兴趣，把兴趣前置，这门课程才能激发学员的学习欲望。就像有一句话是这样说的，如果你想造一艘船，先不要雇人去收集木头，也不要给他们分配任何任务，而是要去激发他们对海洋的渴望。

我们在辅导学员做《如何高效阅读一本书》的课程时，使用的就是黄金圈结构。

课程开篇就开启了一系列追问：你为什么要高效阅读（WHY）？通过追问激发学员的学习兴趣之后，接着讲如何进行高效阅读，即高效阅读的方法和技巧（HOW）。最后用"高效阅读有哪些收获（WHAT）"进行升华，加深高效阅读方法论的好感度，便于鼓励学员去实战应用，并进行口碑的裂变传播。

流程化结构

什么是流程化结构？单纯用文字很难解释清楚这个概念，用图片示意更加直观（如下图）。

简单来讲，流程化结构就是把多种看似毫无关联的事项，通过某种内在的规律，按照步骤一步步地排布，最终形成流程的过程。

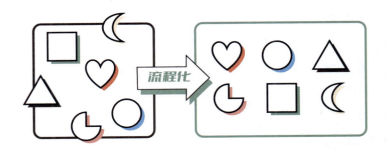

流程化结构最大的特点是详细、清晰的步骤或顺序，如果你想达成一个目标，一步到位太难了，但如果你把它分成 3 个步骤，分步骤去操作，实现目标就容易多了。

比如，你想 1 小时长跑 10 公里，如果一口气跑完，那么可能会很累。你可以尝试着把这 10 公里分成 3 个阶段去完成。

第 1 阶段（0～4 公里）为起步阶段：刚开始跑时，体力比较好，速度可以稍快一些，为后面争取一些休息时间。

第 2 阶段（4～8 公里）为维稳阶段：跑步速度慢下来，调整自己的呼吸和节奏，在慢跑中适当地休息，为冲刺阶段积累能量。

第 3 阶段（8～10 公里）为冲刺阶段：用第 2 阶段积累的能量进行最后 2 公里的冲刺，提前完成目标。

用流程化结构来赋能你的长跑计划，是不是感觉完全不一样？你有没有觉得自己跑的每一步都有目的性和针对性？同理，流程化思维在梳理课程框架结构的过程中能起到同样的作用。

流程化结构的顺序有很多种表现形式，在做课的过程中，最常用到的 4 种表现形式如下所示。

操作顺序：第 1 步、第 2 步、第 3 步……

时间顺序：第 1 阶段、第 2 阶段、第 3 阶段……

空间顺序：大、中、小，比如，一线城市、二线城市、三线城市……

程度顺序即重要性顺序，比如，最重要、次重要、一般重要……

我们在做《探店达人培养计划》这门课程的框架结构时用的就是流程化结构，表现如下。

第 1 阶段，账号筹备阶段；

第 2 阶段，冷启动涨粉阶段；

第 3 阶段，实地探店阶段；

第 4 阶段，运营爆发阶段；

第 5 阶段，多元化变现阶段。

三点式结构

三点式结构源于演讲思维。"三点论"是演讲界的"万能"模板之一，俗称黄金三点论。比如，当大家被要求进行自我介绍时，很多人都会说出自己的 3 个标签；领导讲话时喜欢用"下面我讲 3 点"的表达形式。

史蒂夫·乔布斯在斯坦福大学毕业典礼上的演讲就是经典的三点式结构，他的演讲内容如下：

"今天，我只讲 3 个故事，不谈大道理，讲 3 个故事就好。

我要讲的第 1 个故事是关于人生中的点点滴滴是怎么串在一起的……我要讲的第 2 个故事是有关爱与失去……我要讲的第 3 个故事是关于死亡……"

三点式结构跟流程化结构很像，都是"第 1、第 2、第 3……"这种表达形式。

但是，这两种结构的底层逻辑有很大的区别。流程化结构相邻的两点内容是递进式关系，有了前一点内容，才有后一点内容，比如，职业生涯发展分为 3 个阶段：生存阶段、发展阶段和自我实现阶段，这 3 个阶段的顺序不能调换。

三点式结构的每一点内容相互之间是并列式关系，先讲哪一点内容和后讲哪一点内容没有关系，只要把 3 点内容讲完即可。比如，你在进行自我介绍的时候，说自己有 3 个标签：创业者、作家、旅行达人。这 3 个标签不需要有先后顺序，可以随意调换。

因此，三点式结构表达呈现出来的框架结构如下所示。

第 1 点、第 2 点、第 3 点……

第 1 种、第 2 种、第 3 种……

原则 1、原则 2、原则 3……

标准 1、标准 2、标准 3……

我们曾经研发过一门课程叫《写作投稿变现实战营》，这门课程的结构使用的就是三点式结构。

我们设计的教学服务周期一共有 4 个阶段，每个阶段学习一种投稿文体。

第 1 阶段，投稿文体：荐书稿。

第 2 阶段，投稿文体：影评解说。

第 3 阶段，投稿文体：情感故事文。

第 4 阶段，投稿文体：热点爆款文。

需要注意的是，在使用三点式结构时，不要被"三"这个数字限制住了，"三点"只是一个概念，并不是所有的框架结构都固定为 3 点，可以是 2 点、4 点、5 点。但不建议一次性说很多点，因为人的大脑会记不住，超过 7 点就要考验你的归纳总结能力了，而 2 点会偏少，显得你的课程没有干货。所以，3 点是最好的，要懂得灵活变通。

复合型结构

复合型结构，顾名思义就是多种框架综合使用的结构。我多次强调，制作课程是一项复杂的系统工程，按照我们正常的讲课语速为 1 秒钟讲 3～5 个字，1 小时大概讲 1.1 万个字。一门小课加起来时长至少为 3 个小时，也就是要讲 3.3 万个字。一门大课加起来时长普遍超过 10 个小时，也就是大约要讲 12 万个字，比一本书的字数还多。

所以，使用单个框架结构制作一门课程根本不适合，而复合型结构是使用场景最多的。

举个例子，我们有个学员想颠覆传统营销，做一门关于新时代营销策略的课程，在我们的指导下，他梳理了流程化结构的课程总纲并设计了一个全新的营销模型（如下图）。

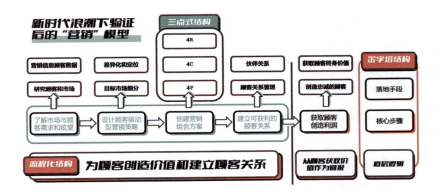

这个营销模型有两个奥妙之处。

（1）看上去很复杂，但要素之间联系紧密，你的思维逻辑只要按照箭头的顺序就很容易看懂。总结一下就是，复杂却不难掌握。

（2）看上去课程很实用，老师很厉害，预计学习收获感很强，购买这门课超值。

之所以有这两个奥妙之处，核心原因在于使用了复合型结构，在一个模型里分别体现了流程化结构、三点式结构和金字塔结构。这 3 种结构把复杂的知识点用一条清晰的脉络串联起来了。

真正的做课高手不是化繁为简，而是繁而不杂。因为如果课程太过简单，学员就会误以为你的课程没有技术含量，我们做课程时不仅要考虑把知识点讲清楚，还要考虑学员的感受。

复合型结构并不难，只要把金字塔结构、黄金圈结构、流程化结构和三点式结构这 4 个框架结构掌握了，并能在做课的实操过程中灵活地应用，就能做出类似"营销"模型的爆卖课程。

4.4.2　包装"购买欲"极强的课程大纲

梳理课程框架结构的过程是一门课程的达成路径从无到有的过程。也就是说，课程出发到课程登顶本来是没有路径的，或者有很多条路径，但你不知道走哪条路径，在梳理课程框架结构的时候，你把这条路径明确下来了。

路径有了意味着课程大纲有了。你把梳理出来的课程框架稍微细化一下就是课程大纲。课程大纲就像达成路径上的路标，它让你逐步明确从课程起点一步一步应该怎么走，以及走多远、走多久能到达课程终点。

课程大纲有两种：内部大纲和外部大纲。

内部大纲

内部大纲是梳理框架结构的课程大纲，主要针对内部，也就是服务于课程研发人员，内部大纲是课程研发人员开展课程研发工作的思维导图，能让自己清晰地知道要研发哪些内容，以及每一部分内容的重点。

内部大纲就像课程大纲的草稿，只要能把课程的框架结构及知识点梳理清晰，能帮助你设计整体的课程内容就可以了，别人看不懂没有关系，课程研发人员能看懂就行。

因为课程大纲不是一锤定音的，而是需要在课程研发的过程中不断地进行优化和调整的，所以粗略版的内部大纲可以大量节省你前期的做课的时间成本。

举个例子，我们在研发《人人都能做一门好卖的课》这门课程的时候，内部大纲是这样的。

（1）解释为什么人人都要做课，激发用户做课的兴趣。

（2）衡量课程销售得好的 4 个关键因素，刷新用户认知。

（3）网上最好销售的 5 类课程，填补用户的信息差。

（4）用一技之长做课，降低做课的门槛。

（5）怎么做课程选题，即课程定位。

（6）掌握了课程制作全景地图，做一门课程就没问题了。

（7）怎么定义课程出发点。

（8）怎么设计课程的登顶时刻。

（9）怎么梳理达成路径。

（10）怎么撰写课程内容。

（11）怎么搭建课程交付体系。

（12）怎么把做出来的课程销售出去。

看完上面的内部大纲，你应该能清楚地看到其中的底层逻辑了，简单来讲，就是传递两个关键信息。

（1）我要准备制作哪些课程内容？

（2）制作这些课程内容的目的是什么？

站在用户的角度来说，它存在一个很大的 bug：你制作这些课程内容与我有什么关系？我只想知道，你做的这门课程对我有什么用？凭什么让我心甘情愿地购买？

内部大纲解决的是用户视角的转换问题，是真正为用户着想，让用户通过看到课程大纲就知道上完这门课程能收获什么。

外部大纲

外部大纲是指对外宣传、销售的课程大纲。是为宣传、销售课程服务的，它没有内部大纲那么"单纯"，所以需要对外部大纲进行包装，将极具煽动性和诱惑力的课程卖点包装进去，通过外部大纲激发用户的购买欲，让用户觉得这门课程是为他量身定制的，是他迫切需要学习的，如果他不购买，就会觉得自己亏大了，会感到特别可惜、遗憾。

如何对外部大纲进行包装呢？只需要简单明了地呈现两个核心要点：课程价值和用户利益。两者缺一不可，既要让用户觉得你的课程干货十足，又要让用户看到他购买了课程之后能学到什么，能获得什么。

同样是《人人都能做一门好卖的课》这门课程，其外部大纲是这样的。

（1）深度揭秘：课程一年销售额达 3000 万元背后的真相。

（价值：深度揭秘；利益：了解变现真相）

（2）让课程销售得好的 4 个关键因素，售出理想价格。

（价值：4 个关键因素；利益：售出理想价格）

（3）做课之前，一定要选择适合你做的 5 类爆款课程。

（价值：5 类爆款课程；利益：选择其中适合你的一类课程）

（4）如何用你的一技之长轻松做一门爆款课程。

（价值：你的一技之长；利益：轻松做课）

（5）爆款选题的万能公式为你的课程注入热销基因。

（价值：万能公式；利益：注入热销基因）

（6）一天做出一门课程，掌握课程制作全景地图就够了。

（价值：课程制作全景地图；利益：一天做出一门课程）

（7）课程出发：简单 3 招找到你的目标用户。

（价值：简单 3 招；利益：找到目标用户）

（8）课程登顶：6 种课程目标让你的课程销量翻倍。

（价值：6 种课程目标；利益：课程销量翻倍）

（9）课程大纲：购买欲和煽动力兼具，谁看了都想下单。

（价值：购买欲和煽动力兼具的课程大纲；利益：所有人都
想下单）

（10）课程内容：干货与爽感并存，用户学完好评爆棚。

（价值：干货与爽感并存的课程内容；利益：好评爆棚）

（11）课程交付：设计超赞的学习体验，学完忍不住给你转
介绍。

（价值：设计超赞的学习体验；利益：转介绍提升复购率）

（12）课程售卖：搭建课销体系，新手月入过万不是梦。

（价值：搭建课销体系；利益：新手月入过万）

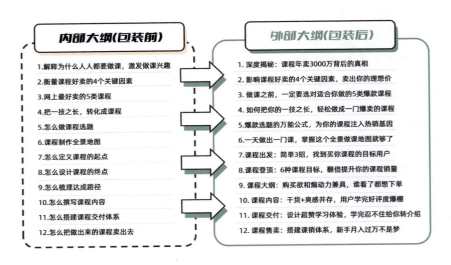

内部大纲和外部大纲的区别就像毛坯房和精装房的区别。在"精装修"的过程中，要注意以下几点。

千万别嫌"话多"

很多人认为课程大纲一定要简单，把内容说清楚就行，没有人会花时间详细看。我不同意这种观点，真正想看课程大纲的用户，一定是对课程感兴趣的意向用户，这些人对课程大纲看得很认真。

所以，课程大纲可以"啰唆"一些，这样反而能显得你的课程满满当当的，潜在用户看了会感到踏实，购买欲望更加强烈。就像你买东西，在同样的价格下，从不会嫌量多，量越多越感觉值，课程大纲的设计逻辑也是这个道理。当然，"啰唆"并不代表硬凑字数。

字数长短要差不多

课程大纲中每条内容的字数要差不多，不要出现一个长一个短，长短不一，这样不仅在排版设计上不美观，还会给用户造成很不好的观感，用户可能会说不出哪里不对劲，但就是感觉不对劲。这样一个简单的细节会直接影响用户的购买欲望。

那是不是意味着，课程大纲中每条内容的字数都需要是一样的呢？答案是没必要如此苛刻，根据我们过去6年的课程包装经验，差距控制在5个字以内最合适。

能够体现课程框架结构

课程大纲不仅需要让用户了解到他能学到哪些内容，还要让他了解清楚这些内容之间的结构关系。课程大纲的框架结构有两种体现方式。

第 1 种，以分层级体现框架结构

简单来讲，就是有逻辑、有层次地分成多级课程大纲。比如，《玩赚团购探店达人》的每个章节都分了 3 级课程大纲。

需要注意的是，分层级地设计课程大纲，不是分的层级越多越好，分 2 ～ 3 个层级是最合适的，超过 3 个层级会显得很凌乱，没有必要分那么细。毕竟课程大纲就是一个目录，不是具体内容，不要以写核心内容的形式来写课程大纲。

分层级的课程大纲非常适合章节中内容很多的大课程，如果是章节中内容不多的小课程，分那么多层级是没有意义的，只需要用系统词语去体现课程框架结构就可以了。

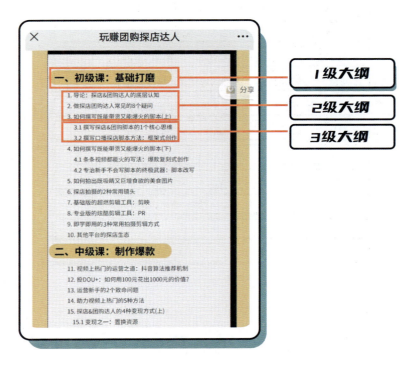

第 2 种，用系统化词语体现框架结构

系统化词语是在包装课程大纲的时候，使用具有统一性的词语把不同章节之间的内容系统地串联起来。

举个例子，《人人都能做一门好卖的课》的课程大纲里，第 7 ～ 12 节课程用了课程出发、课程登顶、课程大纲、课程内容、课程交付和课程销售这种在形式上做到系统化词语，这样可以统领这些章节的核心内容。用户通过课程大纲能一目了然地知道购买这门课程之后，主要能学习到哪些技能。

1. 深度揭秘：课程年卖3000万背后的真相

2. 影响课程好卖的4个关键因素，卖出你的理想价

3. 做课之前，一定要选对适合你做的5类爆款课程

4. 如何把你的一技之长，轻松做成一门爆卖的课程

5.爆款选题的万能公式，为你的课程注入热销基因

6.一天做出一门课，掌握这个全景做课地图就够了

7.出发：简单3招，找到买你课程的目标用户

8.登顶：6种课程目标，翻倍提升你的课程销量

9.课程大纲：购买欲和煽动力兼具，谁看了都想下单

10. 课程内容：干货+爽感并存，用户学完好评度爆棚

11. 课程交付：设计超赞学习体验，学完忍不住给你转介绍

12. 课程售卖：搭建课销体系，新手月入过万不是梦

用词遵守"三不要"原则

我们在进行课程大纲包装时，用词既要恰到好处，又要非常谨慎，一边要巧用强化词来激发用户的购买欲，一边要遵守广告

法,避免踩雷。总结起来,有以下三类词语不能用,简称"三不要"原则。

不要出现用户看不懂和不好理解的字、词。比如,粿、燊等字会让用户看不懂。不要出现让用户理解产生偏差的和有争议的词,简单来讲,就是不要玩"高雅的"、故弄玄虚的文字游戏。

不要出现小白不理解的行业术语。你对你的行业很了解,但报名学习课程的用户未必了解,他们看不懂行业术语。所以,最好使用人人都能懂的词语来代替行业术语。

比如,《人人都能做一门好卖的课》课程大纲里的第 9 节课程,本来是讲达成路径的,我为什么要用课程大纲来代替达成路径呢?是因为达成路径这个词语是行业术语。

不要出现广告违禁词。"最""第一""独家""100%"等都是广告违禁词。广告违禁词就像一颗"炸弹",不爆炸还好,一爆炸就会损失巨大。如果引发过度宣传法律纠纷的话,那么可能要赔偿几十万,得不偿失。

现在排查广告违禁词的免费网站有很多,磨刀不误砍柴工,在真正宣传课程大纲之前,一定要排查一下。

4.5 内容——如何让学员听课上瘾

如果说课程选题是一门课程的灵魂,课程大纲是一门课程的骨架,那么课程内容就是一门课程的血肉,它决定了一门课程的生命力。

有的人做了一门课程之后,刚开始销售得还行,但销售了一段时间之后，就销售不下去了。虎头蛇尾，后劲乏力，核心原因在于课程内容不行。

在课程包装上，一定要用优质的内容来填充。

内容没干货，不行！

内容太高深，听不懂，也不行！

那么，什么是优质的课程内容？我总结出了一条公式：

好的课程内容（100%）= 信息价值（20%）+ 认知价值（30%）+ 经验价值（50%）

信息价值（20%）是指能明确指出用户当前存在哪些问题？而且这些问题在他们没有上课之前，他们是不了解的或没有意识到的。也就是说，你了解，他不了解，通过学习你的课程能抹平你和他的信息差。这种信息价值的内容不需要太多，占比大概为总内容的20%，点到为止，让他们有一种"恍然大悟"或"原来如此"的感觉就可以了。

认知价值（30%）是指用官方、科学的理论和概念去分析和解释他们为什么会有这些问题？而且一定要有理、有据、有说服力，他们学完不仅会找到问题的"病根子"，而且还能提升自己的认知，扩展自己的思维边界。这部分内容大概占所有内容的30%。

经验价值（50%）指的是"我（主讲老师）是如何解决这种问题的？你听完后，可以照做！"一门课程最值钱的是什么呢？答案是解决问题的经验！他们购买的核心内容是主讲老师解决问题的经验。今天你遇到的所有问题，曾经已经有很多人遇到过，并且已经探索出了很多有效的解决方案。你要做的不是重新苦苦摸索一套新的解决方案，而是通过有经验的人的解决方案解决自己的实际问题。所以，这部分内容的占比最高，达到了 50%。

那么问题来了，怎么去生产达到好的课程内容（100%）的标准呢？课程内容是一项很大的工程，为了能让你做课更加容易入手，我把它整理成了以下 3 个步骤。

第 1 步：收集课程素材。

第 2 步：设计内容结构。

第 3 步：内容输出技巧。

接下来，我会详细讲解每个步骤的具体操作方法。

4.5.1 收集课程素材

就像你做菜之前，要准备很多原材料一样，做课之前要收集很多"原材料"——课程素材。

巧妇难为无米之炊，再厉害的厨师也经不住没有原材料的考验。所以，收集内容素材是生产课程内容的第 1 个步骤。

有些人不喜欢参考别人的内容，任何内容都要原创，所以不喜欢收集课程素材，而是一个人闷头写，我很佩服这些人的原创情怀，但从效率和效果的角度来看，这种方式的投入产出比不高。花 1 个月的时间做出一门看似完美无缺的课程，结果别人看不懂，课程销售不出去，会很有挫败感，所以我不建议这么做。

真正能原创内容、能迎合市场，还能取得好的营销业绩的人真的不多。所以，我们还是老老实实地收集课程素材，收集得越多越好。收集课程素材有以下两个关键点。

第 1 个关键点，收集哪些内容素材

把课程素材概括起来主要有以下 4 类。

观点

观点是指从一定的立场或角度出发，对事物或问题所持有的看法。你也可以理解为概念，也就是能很好地定义"是什么"这个核心问题。

比如，你想做一门减肥课程。你怎么去定义"减肥"这个概念呢？你不能凭空捏造出来一个概念，最好的办法就是去收集市面上现有的减肥大咖们是怎么解释"减肥"这个概念的。你先去收集 10 种减肥的观点，然后在此基础上进行整合优化，集百家之长，就成了你独一无二的观点。

需要注意的是，收集的观点最好是颠覆性的、独一无二的、让人眼前一亮的。

经历

经历是指与课程选题相关的经历。还是拿减肥课程来举例。

你以前有没有减肥经历？你是怎么应对的？积累了哪些宝贵的经验？

如果没有的话，你身边的亲人、朋友有没有减肥经历？他们是怎么应对的？他们积累了哪些减肥经验？

如果你和你的亲人、朋友都没有减肥经历的话，那你可以去抖音、快手、B 站、知乎等平台，那里有很多健身塑形的博主分享减肥经历，你可以把他们的减肥经历收集起来，作为课程的素材。

案例

案例是经历的补充，案例越典型越好。你自己的案例、身边人的案例、同行的案例、明星大咖的案例、各大平台博主的案例……成功的案例、失败的案例都可以。收集的这些典型案例可以作为课程里案例展示的内容来支撑你的课程方法论。

在选择案例的时候，有一个优先级排序。首选发生在你身上的案例，这样用户学习起来才会感觉有说服力和代入感。次选明星、大咖的案例，但要选择广为人、知自带流量势能的明星案例，不要选择十八线艺人和说出来没有人相信的案例。最后选身边人的案例，这种案例本来就不会发生你身上，也不自带明星流量，案例一定是真实发生的、完全可信的，不要杜撰。

方法

这里的方法是指与课程选题相关的方法。这个很好理解，我要做减肥的课程，就要收集其他人减肥成功的方法和技巧，简单来讲，就是寻找解决方案——这是一门课程里面最重要的内容。反过来说，与方法相关的素材是收集课程素材时最重要的素材。

在收集方法的时候，还有一个很重要的任务，那就是认真识别方法是真方法还是伪方法。有些自媒体博主为了博取平台流量，专门搞一些没有被验证过的"民间偏方"，还会信誓旦旦地告诉你："本人亲测有效！"这样就会误导很多人。如果你把这些素材做到课程里面，那么就真的误人子弟了。

识别真伪方法的方式很简单。比如，你收集了 10 个人的 10 个方法、10 种解决方案，你把所有的方法都尝试了一遍，亲自验证是否有效，然后把有效的方法留下来，无效的方法剔除。在尝试的过程中，你还能发现这些方法中存在的漏洞，告诫你的学员在实战过程中应避免哪些"坑"，一举两得。

第 2 个关键点，去哪里收集素材

简单来讲，就是收集素材的方式和渠道有哪些？我把它总结成了"三三三"法则。

"三三三"是指看三本书、见三个人和做三件事情。

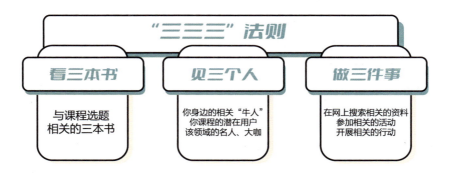

看与课程选题相关的三本书。这个很好理解，就是看选题领域的三本专业书籍。

见与课程选题相关的三个人，比如，你身边的相关"牛人"，你课程的潜在用户，该领域的名人、大咖。

做与课程选题相关的三件事，比如，在网上搜索相关的资料、参加相关的活动、开展相关的行动。

当然，这个"三"是泛指，不一定要看三本书、见三个人、做三件事，也可以是其他数字，但这个数字最好不要小于三。如果小于三，那么收集的课程素材很容易就会导致你的观点和方法单一、片面，违背集百家之长的宗旨。

为了让你更好地了解"三三三"法则的使用方法，我用一个具体的案例来展示具体的实战全过程。

假如你是一名摄影师，想做一门教小白如何摄影的课程。那么，你从哪里收集摄影课程的素材呢？

看三本书

《摄影轻松入门一本就够》《手机摄影技法大全》《摄影构图：迅速提升照片水平的 150 个关键技法》。

见三个人

你身边的摄影"牛人"：看看你的人脉圈子中有没有摄影"牛人"或摄影爱好者，如果没有，那么可以让你认识的人帮忙介绍。通过采访一些摄影"牛人"或摄影爱好者，你可以跟他们交流关于摄影的技巧、经验和作品等。

课程的潜在用户：收集潜在用户的摄影需求，了解他们急需解决的摄影问题有哪些，你当前收集的摄影方法论能不能解决他们的问题？如果不能，还需要补充哪些具有针对性的方法和技巧？

摄影界公认的大咖：也就是摄影界的权威专家，当然，你未必有机会真正见到他们本人，不过没关系，不是真的要见到本人才可以，你可以去网上看他们的公开演讲或采访视频，关注他们的自媒体账号（抖音、公众号等），研究他们最新发布的作品。

做三件事

资料搜索：在百度、抖音、B 站、小红书等平台，搜索与摄影课程相关的资料，或购买竞品的摄影课程，研究竞品课程的逻辑，如果有合适的内容，就可以拿来借鉴、创新。

参加活动：参加摄影展、摄影沙龙等，加入一些与摄影相关的圈子，或者报名参加线上线下的专业摄影课程，学习他们的课程模式。

开展行动：首先梳理一套关于摄影的速成方法和技巧，然后严格按照这些方法和技巧去拍摄，既可以验证方法和技巧的实操性，又可以发现方法和技巧存在的漏洞。

关于收集课程素材的两个重要提醒

磨刀不误砍柴工

收集课程素材是前期做课准备阶段非常重要的工程，很耗时、耗力，可能会消耗你做课一半的时间。如果你预计用 10 天做完一门课程，那么有可能 5 天的时间在收集课程素材。

但我告诉你，这些时间花得很值，因为课程素材收集得越多，课程内容的"原材料"越丰富，你写出来的内容越扎实。就像炒菜一样，如果你准备足够多的原材料，那么你可以选择性地剔除一些不用或留着下次再炒菜时用的部分。但如果你准备的原材料匮乏，那么就很难炒出你想要的菜的味道了。

选择适合你的方式

收集课程素材的"三三三"法则包含了很多收集课程素材的渠道和方法，但你没有必要把所有的渠道和方法都用一遍。你只要在这些渠道和方法中，选择适合你的几种去实践就可以了。

就像我给你一个武器库，你没有必要带上所有武器，只需要选择带其中适合你的一件武器就可以了。

4.5.2　设计内容结构

在收集课程素材阶段，你肯定收集了很多相关的素材，如果你把这些素材都零零散散地做到课程里面，课程的知识点和方法论就会变得很复杂、很臃肿，最终会让上课的学员记不住、学不会。

所以，在设计内容结构时，最重要的任务就是把这些零散的资料，用框架结构化的方式包装成一个清晰、易懂、易掌握的知识体系。

我们来看一张图片，这是我的一个训练营学员制作的，他是一位心理咨询师，想做一门心理通识课，然后收集了 21 个心理方面的知识点，他觉得这些知识点很重要，想把它们融入课程中，但是不知道这些知识点的区别和联系，在准备做课的时候，不知道该如何下手……

不只是这个学员，凡是第一次做课的学员，都会遇到同样的问题。最好的解决办法就是设计一个清晰的知识结构。

我分享 5 种最常见的设计知识结构的方法。

一个模型

把那些零散的、毫无规律的知识体系，整理成一个有一定联系的思维模型。比如，亚马逊的增长飞轮模型。

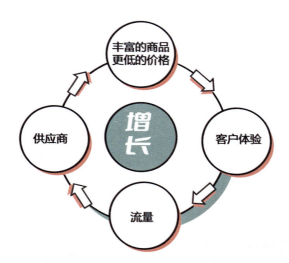

又比如，在我做的《人人都能做一门好卖的课》的课程里就使用了 CASST 模型。

模型的适用范围很广泛，当你不知道用什么方法来设计知识结构的时候，就用思维模型。有一个万能模型就是，把各个知识点的英文字母组合成一个看上去既高大上，又容易记住的思维模型。CASST 模型及大家比较熟悉的 STAR 面试法则，用的就是这种方法。

一套流程

流程是指方法步骤的流向顺序。在实际做课的过程中，流程涉及具体的操作方法论包括执行落地的环节、步骤和程序。

按照传统的表达逻辑，你会说："首先……然后……最后……"这样听起来会显得你的方法和技巧不高级。但你把这些方法和技巧流程化之后，不仅会在结构上更加清晰和系统，还会让你的方法和技巧在包装上高 3 个等级。

比如，我曾经做过一门《私域流量变现》的课程，在讲微信私聊成交的内容时，就应用了"5 交"锦囊的 5 步流程。

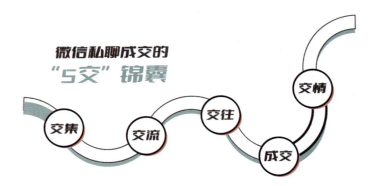

又比如，我在做《增长运营》课程的时候，课程内容的主体就是围绕"用户增长变现流程"展开的。

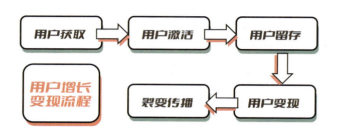

流程的适用范围主要是操作流程的方法体系。简单来讲，就是第 1 步、第 2 步、第 3 步分别怎么做。举个例子，如果要在 3 分钟内讲一个跌宕起伏的故事，可以分为 7 个步骤，分别为目标、阻碍、努力、结果、意外、转弯、结局，很适合套用操作流程。

一条公式

公式是指在数学、物理学、化学、生物学等自然科学中用数学符号表示几个变量之间关系的式子。公式具有普遍性，适用于同类关系的所有问题。

我们在做课的时候，会遇到几个知识要素之间的变量关系。但是这些变量之间的关系很微妙，你如果逐个描述这些知识点，用户就会很难理解它们之间的关系，这个时候，完全可以应用数学领域的公式。

这些公式依然沿用加减、乘、除的形式逻辑，如果用好了，就可以给你的课程知识体系提升好几个档次。

我来举几个例子。

好的课程内容（100%）＝信息价值（20%）＋认知价值（30%）

+ 经验价值（50%）

　　产品可用性 = MVP 产品 + 用户基本诉求

　　人生的商业模式 = 能力 × 效率 × 资源杠杆

　　爆款（100%）= ［和原爆款相似（70%）+ 超越原爆款筹码
（30%）］× 数量

　　公式的应用范围很广，如果你课程里的某个知识体系或方法、技巧涉及好几个要素，你不知道如何把这些要素串联起来的时候，那么就可以尝试用公式去体现。

　　我详细地给你介绍一下，以上 4 条公式是怎么设计出来的，应该对你使用公式有所启发。

　　我们先说好的课程内容（100%）。当时，我认为一门好的课程内容一定要给用户提供 3 种价值，分别为信息价值、认知价值和经验价值，而且这些价值的比重是不一样的，信息价值占比最低，认知价值占比次之，经验价值占比最高，其占比至少在一半以上。

　　当然，我可以直接描述为：一门好的课程内容至少给要用户提供 3 种价值，这种说法没有错误，但是没有亮点，用户很难记住，我把它升级了一下，变成了以上的这条公式。

　　而在产品可用性这条公式中，产品可用性取决于两个核心变量：MVP 产品和用户基本诉求。这两个变量缺一不可，怎么把这两个变量的关系整合起来呢？方法很简单，直接用加法就可以。

　　人生的商业模式的公式是商业咨询顾问刘润总结出来的，我觉得很精妙。你如果要设计自己人生的商业模式，就要综合考虑 3 个维度：能力、效率和资源杠杆。能力是基础，但只会做还不行，还要有效率，并且还需要有可以撬动足够多资源的杠杆把你的能力值无限放大。于是，就有了这条公式。

爆款（100%）的公式是我在做《爆款文写作》时使用的公式。简单来讲，如果你要创作一篇爆款文，那么捷径就是模仿爆款，它之所以能成为爆款，是因为已经被平台数据算法识别，具备了爆款因子。如果你去模仿它，很可能就会得到平台大数据算法的推荐，但相似度不可能达到100%，而相似度达到70%是没问题的，超越原爆款文的概率为30%，这样就是站在巨人的肩膀上超越巨人。除此之外，还要有很多数量的支撑。意思就是，你写1篇爆款文未必能火，但你写10篇爆款文，其中1篇能火的概率就会很大。

一种结构

用结构化的方式来概括你的知识体系，结构化最大的好处就是，当你很难用具体的文字描述某些知识点的关系时，可以通过视觉性的结构化来展示。

这种结构化的知识体系有3种最常用的表现形式，分别为从重点到次重点的内外形式、从包含到被包含的覆盖形式、从低级到高级的阶梯形式。

从重点到次重点的内外形式

我们在梳理一系列要素对某件事情的影响时，影响程度一定是有重点和次重点之分的。在这种情况下，使用内外结构形式可以把每个事件影响程度的要素清晰地区别出来。

比如，我们在讨论用户需求时，在很多的用户需求中，哪些是核心需求，哪些是重要需求，哪些是一般需求。我们在讨论产品价值时，在很多的产品价值中，哪些是核心价值，哪些是重要价值，哪些是边缘价值。

又比如，我们在讨论目标用户群体时，在很多的目标用户中，哪些是核心用户，哪些是重要用户，哪些是边缘用户。

举个例子，我们在做《文案变现》这门课程的时候，就对目标用户进行了以下区分。

核心用户——个体创业者、文案从业者、门店生意人；

重要用户——打造个人 IP 者、全职宝妈、微商从业者；

边缘用户——自媒体带货者、短视频从业者、上班族做副业者、写作爱好者。

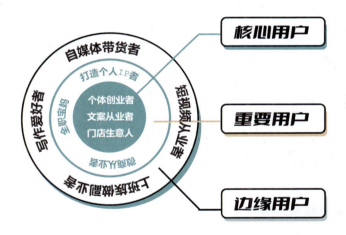

从包含到被包含的覆盖形式

这个灵感来自数学领域的集合概念。集合 A 为 (1、2、3、4)，集合 B 为 (1、2、3、4、5)，集合 A 中的每一个元素都能在集合 B 中找到，我们就称集合 A 包含于集合 B。

我们在做课的过程中，经常会有很多类"集合 A 包含于集合 B"的知识体系。我们在梳理这些知识点的关系时，正好可以使用从包含到被包含的覆盖形式。

比如，我之前上过一门新精英生涯的职业规划课程，里面有一个知识点讲的是职业能力三核，它使用的就是这种形式。

职业能力三核分别是指知识、技能和才干。知识的涵盖范围最广泛，包含技能和才干；技能的涵盖范围次之，包含才干。这三者的包含与被包含关系形成了非常经典的职业能力三核模型。

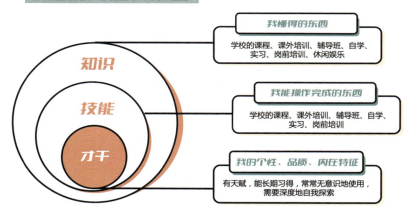

从低级到高级的阶梯形式

就像勇攀高峰一样，一步一个台阶，每上一个台阶看到的都是不一样的风景。

从低级到高级的阶梯形式很适合去呈现不同人生或不同领域的发展阶段的知识体系。这种形式最经典的知识体系是马斯洛需求层次理论，包括人类需求的 5 级模型，其从层次结构的底部向上分别为生理需求、安全需求、爱和归属感、尊重和自我实现。这 5 个层级的需求可以分为不足需求和增长需求，前 4 个层级的需求通常称为缺陷需求，最高层次的需求称为增长需求。

当然，这里我不是让你去学习马斯洛需求层次的内容，我希望你学习的是梳理 5 个需求层级的呈现形式，一个阶梯结构可以把 5 个需求层级的关系呈现出来。

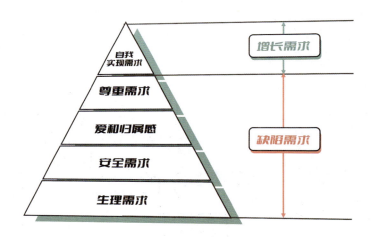

我曾经做过一门《父母成长》课程，里面也用到了这种从下往上的结构形式，根据不同的父母发展的能力等级，我把所有的父母分成了以下 5 个层级。

第 1 层级，物质型父母。舍得为孩子花钱，给他优越的成长环境，用钱来代替爱和责任。

第 2 层级，道德型父母。舍得花时间陪孩子，对孩子贴身保护，担心孩子学坏，站在舆论的制高点来约束孩子的所有行为举止。

第 3 层级，思考型父母。开始考虑教育的目的问题，也可以称为功利型父母，希望把孩子培养成自己理想中的样子。

第 4 层级，成长型父母。与孩子一起成长，愿意为了孩子提升和完善自己。通过自己的成长来带动孩子的成长。

第 5 层级，智慧型父母。尊重孩子，接纳孩子的个性，鼓励孩子成长为最好的自己。

其中，只有达到第 4 层级、第 5 层级的父母所展现出来的父爱和母爱才是健康的爱，才是有利于孩子身心成长的爱。

在这里强调一下，内容不是最重要的，表达形式才是你学习的重心，希望这个案例会对你有所启发。

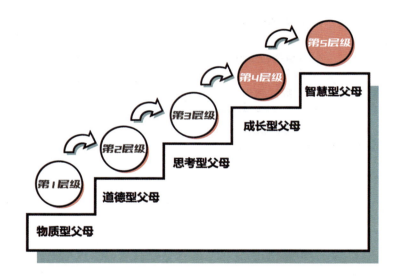

一个象限

所谓象限，其实是四象限法则的延伸。运用象限的经典案例为时间管理理论的一个重要方法，即首先把等待完成的所有工作，根据紧急和重要两个维度分成 4 个标签：重要紧急、重要不紧急、不重要不紧急和不重要紧急。然后把主要的精力和时间集中放在处理那些重要不紧急的工作上，这样可以大大地提高工作效率。

在做课的时候，可以灵活应用四象限法则。如果应用得好，就完全可以成为一门课程里面最闪亮的知识体系。

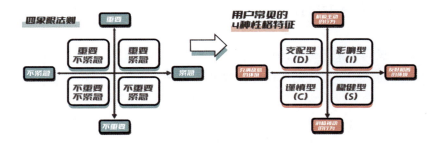

比如，我在做《微信私聊成交技巧》微课程时，就使用了四象限法则。首先，根据行为（积极主动 / 消极被动）和环境（友好和谐 / 充满敌意）这两个维度，把用户分成常见的 4 种性格特征，分别为支配型（D）、影响型（I）、稳健型（S）和谨慎型（C）。然后，根据不同性格特征的用户指定不同的微信私聊成交技巧。

在使用象限表现形式的技巧时，需要注意的是，在评判某些知识体系时需要两个衡量维度，而且每个衡量维度要有正、反两个方向，这样才能形成关系紧密的四个象限。

最后，我总结一下，在设计内容结构时，可以使用 5 种常用的方法和技巧，分别为一个模型、一套流程、一条公式、一种结构和一个象限。

设计知识结构的过程就像压面机制作面条的过程，上面一堆面粉放进去，下面出来一根根清晰的面条。同理，设计清晰的知识结构的本质是，首先你搭建一个框架，然后把你的内容往框架里面"装"，通过框架把混乱的内容梳理成层次分明、条理清晰的知识点。

只有你的知识点足够清晰，用户学习起来才能轻松。

4.5.3　内容输出技巧

我们收集了丰富的内容素材，设计了内容结构之后，还有最重要的一步，那就是课程内容输出。

简单来讲，内容输出就是课程行文表达。中国的文化博大精深，同样的内容可以有多种表达方式，所以，我们在做课的过程中，要尽可能地找到让用户感到舒服的表达方式。

虽然很多用户在学习中对舒服的感受标准不一样，但至少有两个共性：一是简单易懂，不能让用户觉得像在读天书；二是轻松有趣，学习本来就是一件很痛苦的事情，因此要尽量带给他们一些乐趣。

为了让课程内容简单易懂和轻松有趣，在内容输出这方面，我一般会使用两个技巧：减少内容的理解障碍和增强内容的学习体验。

技巧 1，减少内容的理解障碍

同样是《社会性动物》这本书，有的人还没读完两页，就开始抱怨：这哪是一本书？简直是一块石头，太难"啃"了，然后就直接放弃了。可是当你听樊登读书讲解它时，会有一种恍然大悟的收获感："哦，原来是这样。"

你的态度竟然有这么大的反差，樊登读书做什么了吗？我认为樊登读书最大的贡献就是，减少内容的理解障碍，用小白也听得懂的语言去讲解经典名著。

我们讲课和讲解书是一样的，要想尽各种办法，减少内容的理解障碍，让小白能听得懂，也能学得会。

那么应该如何减少内容的理解障碍呢？我总结了 4 种方法：抛出观点 + 案例佐证、操作方法 + 实战场景、复杂知识 + 简单类比、进行好 / 坏或对 / 错的对比。

抛出观点 + 案例佐证

观点往往是高度浓缩的，用户在看第一眼的时候，可能会发出感叹："哇，这观点简直绝了。"但到底是怎样的绝法，他说不出来，知其然不知其所以然。

这个时候，你就需要用具体的案例去佐证或解释你的观点，让用户在学习的过程中，通过具体的案例启发能够更加轻松又深刻地理解精华观点。

我们来看一个具体的案例。

不是你能干什么，而是你能为公司干什么。（抛出观点）

谢丽尔加入 Facebook 1 个月后，她之前认识的另一个公司的女高管给她打电话，说想加入 Facebook 跟她一起工作。这个女高管说了一段让谢丽尔极为震惊的话，她说："我应该告诉你我擅长的及我想要做的事情，但我发现每个人都在这么做。所以，我想问问你，你现在遇到的最大问题是什么？我应该怎么帮你解决？"所以，下次你去求职的时候，可以尝试站在"你能为公司干什么"的角度来阐释你的职场价值，这样可以大大提升你的求职通过率。（案例佐证）

操作方法 + 实战场景

我们在做课的时候，不可避免地要讲到操作方法，但为了操作方法能够具备干货，我们会将其高度提炼成逻辑自洽的方法体系，这样做最大的好处就是，在彰显操作方法高级的同时，能够因为某些规律让它更容易被用户记住。

但高度提炼有一个很大的副作用，那就是为了追求操作方法的简单易记，要不可避免地省略很多具体的操作细节。所以，在用户看到操作方法的时候，知道了大概的操作手段，但真正在实际生活中具体应该如何去做，还是一无所知。

这个时候，你需要有一个实战场景把操作方法的全过程详细地模拟一遍。

我们来看一个具体的案例。

许荣哲的《故事课》里讲到，用 1 分钟讲好一个故事有 4 个步骤：目标、阻碍、努力、结果（操作方法）。

我曾经听过一个非常感人的故事：主角名叫张华，他曾梦想着环游世界，但长大后忙于工作，这个梦想被耽搁了，有一次他因为身体不适去医院检查，结果很不幸地被诊断为癌症晚期。在所剩时日不多时，他决定带病出发，最终凭借顽强的意志，在死前的最后一刻完成了儿时的梦想。

现在，请你用 1 分钟讲好一个故事的 4 个步骤，把这个故事重编一下，变成一个跌宕起伏且感人至深的微故事（实战场景）。

目标：张华的目标是环游世界，这是他小时候的终极梦想。

阻碍：张华小时候忙着学习，长大后忙着拼事业，没时间去实现梦想，在 40 多岁的时候，他被诊断出患了绝症，在只剩下 3 个月的寿命时，他终于停止忙碌，有时间去实现自己的梦想了。

努力：环游世界需要花很多钱，而他大半辈子挣来的钱都用在了治病上，所以他只能"穷游"，坐不起飞机高铁，只能坐火车，住不起酒店，只能在火车站的角落里坐到天亮，吃不好、穿不暖，加上身体虚弱，有好几次晕倒在旅途中。他在穿越北极时，病症发作，在床上躺了很久，挂上了呼吸器，所有同行的伙伴都劝他返回，但他就是不愿意放弃。

结果：被折磨到只剩下最后一口气，他终于回到了自己的家乡，看着眼前熟悉的人和熟悉的风景，他想起年轻时的梦想，流下了最后一滴热泪，永远地闭上了眼睛。

复杂知识 + 简单类比

在做课的过程中，当你遇到某个知识点或某种方法论非常复杂，无论怎么解释都解释不明白甚至"越描越黑"的时候，你可以尝试用复杂知识 + 简单类比的方法。

所谓复杂知识 + 简单类比的方法，是指将两个在本质上不同的事物，就它们的共同点进行比较，通过对比喻手法的综合运用来说明某种复杂的情况。类比最大的作用是，利用大家都熟悉的事情来解释大家第一次接触的事情。

我们来看一个具体的案例。这个案例来自筝小钱老师的《写作变现课》。

在这个案例中，我们把如何写荐书稿的过程类比成大家都非常熟悉的做菜过程。

写荐书搞的 3 个步骤为搜集素材、写初稿、修改润色。把它简单类比成做菜的 3 个步骤：借助菜谱买食材、配菜、烧菜。

通过复杂知识 + 简单类比的方法，你会很容易理解某种知识点或方法论，即使这些知识点或方法论是你第一次接触的。

不过，我们在进行类比的时候，选择的类比的事情一定是大家都耳熟能详的事情，不要选择那种生僻冷门，还要大费周章做很多解释的事情。

比如，你如果把写荐书稿类比成修飞机，尽管这两者有很多相似之处，但是不合适。因为大家对修飞机不熟悉，你还要大费周章解释修飞机的过程。你本来只需要展示如何写荐书稿就可以了，现在增加了展示如何修飞机，就是无端地增加了用户的认知理解负担。但类比成做菜不需要大费周章，因为大家对做菜很熟悉。

进行好 / 坏或对 / 错的对比

当好的东西和坏的东西放在一起比较的时候，因为有坏的东西的衬托，你会对好的东西有更加强烈的感知，同理，当正确的方法和错误的方法放在一起比较的时候，你会知道如何做出正确的选择，以及如何规避错误的选择，这就是好 / 坏或对 / 错的对比，是减少内容的理解障碍的精髓。

我们来看一个具体的案例。这个案例依然来自筝小钱老师的《写作变现课》。

我们在写作的时候，一直强调用户思维。但用户思维是很抽象的，真正实战的时候，只有一个原则，那就是多用"你"少用"我"。

怎么做到多用"你"少用"我"呢？以写《早起的奇迹》这本书的读后感为例，我们来看读后感写得不好的反面案例和写得很好的正面案例。

多用"你"，少用"我"的
反面案例

周末读完《早起的奇迹》这本书。

我今天成功地早起了。书中的内容对我启发最大的是，在睡前进行积极的自我暗示。

这是因为在早晨醒来时，脑海里的第一个想法往往是前一个晚上睡前的最后一个想法，读完这本书的那晚，我晚睡了，但我给了自己积极的暗示：现在是晚上12点，我准备睡觉了，明天早晨5点，我要起来学习，我会精力充沛地度过晨间的学习时光。结果，我真的实现了早起，是挺神奇的。

多用"你"，少用"我"的
正面案例

你有没有特别渴望早起，但总是不成功的困扰？推荐你看一本书——《早起的奇迹》。

读完这本书，或许你明天就能成功地早起了。这本书最大启发是，在睡前进行积极的自我暗示。

这是因为在早晨醒来时，脑海里的第一个想法往往是前一个晚上睡前的最后一个想法。即使你晚睡了，你也可以给自己积极的暗示：现在是晚上12点，我准备睡觉了，明天早晨5点，我要起来学习，我会精力充沛地度过晨间的学习时光。不妨今晚就试一试吧，也许你能收到神奇的效果。

通过正面案例和反面案例的对比，不仅能突出具备用户思维的写作方法是怎样的，还能提醒你规避缺乏用户思维的写作陷阱。这就是对比带来的一箭双雕的效果。

技巧 2，强化内容的学习体验

在创作课程内容的时候，除了要做到减少内容的理解障碍，还要做到强化内容的学习体验。这就像要教你财富思维，不仅要教你如何省钱，还要教你如何赚钱的道理是一样的。

不同的人有很多不同的方法来强化内容的学习体验，这里我分享一下，平时我在做课的过程中最常用的 5 个方法：故事 + 启发、悬念 + 真相、名言警句、角色对话、增加互动。

故事 + 启发

很少有人喜欢听大道理，但很多人对故事毫无抵抗力，所以，通过在课程内容中增加故事来带动用户的学习情绪，可以大大地增强用户的学习体验。

但只讲故事不行，得让用户有收获。讲故事是手段，不是目的，真正的目的是让用户从故事中学到有价值的内容。所以，讲完故事之后要有启发，让用户在听故事的同时，还能得到深刻的领悟。

得到 App 的创始人罗振宇在创业初期做《罗辑思维》知识类脱口秀视频节目时，基本上用的都是这种模式。比如，其中有一期先用很大的篇幅讲了狄德罗的生平故事，最后他话锋一转：从 200 多年前的狄德罗的故事里可以看出年轻人有以下 3 种重要的优势。

第 1 种，年轻、时间充裕，他们可以干其他人干不动的苦活儿、累活儿、长期性的活儿。

第 2 种，年轻人有开创新赛道的可能性，当别人已经有了自己的专业、志趣和方向的时候，原先赛道上的存量会绑架他，减小他切换赛道的可能性，削弱他在新赛道上长跑的意志。但年轻人不同，只要找到了新赛道，实际上是有极大的隐性优势的。

第 3 种，年轻人通常很穷，但正是因为穷，他们会更容易接收市场传来的信号。对于功成名就的人来说，一点小钱已经不算什么，他们无法看到，这可能是一个新时代发来的重大信号。他们更没有办法被这点小钱激励着在这条道路上前进。为什么每个时代的最新机会往往都属于那些年富力强的年轻人，而不属于功成名就者，原因就在这里。

罗振宇讲的是 200 年前的故事，但启发的是今天大部分人普遍面临的问题。我们在写启发的时候，有以下两个注意事项。

（1）要跟我们课程内容的知识点或方法论紧密联系，不要出现脱节的情况。

（2）启发的内容起到的是画龙点睛的作用，它的篇幅不要太长，占故事篇幅的 10% 左右就可以了。比如，你讲了一个 1000 字的故事，最后加上 100 字的启发，这样的布局是合理的。

如果 1000 字的故事加上 2000 字的启发，那么给用户的学习体验感是索然无味的，启发的内容太多就变成了讲道理。当主体不是故事，而是启发时，就违背了"强化内容学习体验"的初衷。

悬念 + 真相

每个人天生就有强烈的好奇心，在做课的过程中，通过首先设置悬念激发用户好奇，然后揭露真相，这样的内容布局就等于给用户设置了一个短暂的探索经历，会引发他们更多的思考，可以大大地提升用户学习课程的专注力。

那么应该如何使用悬念＋真相的方法呢？具体有以下3个步骤。

第1步，设置悬念。

第2步，揭露真相。

第3步，挖掘真相背后的底层逻辑。

我曾经在做《素人也能火博主必修课》时就使用了悬念＋真相的方法。

第1步，设置悬念。

凭感觉，你认为以下博主是做什么类型的短视频的？

A. 母婴

B. 科技数码

C. 搞笑

第2步，揭露真相。

答案是C，博主是做搞笑短视频的，而且做得很不错，有2000多万粉丝。

第3步，挖掘真相背后的底层逻辑。

要想做出火爆的短视频，要做到人、景、内容、状态、情绪的和谐统一。

名言警句

名言警句最大的特点是可以瞬间击中用户的心灵，与用户产生强烈的共鸣，所以在课程内容中使用精炼的名言警句，既会增强体验感，又容易带来裂变传播。

在使用名言警句时，不要为了使用名言警句而使用名言警句，你使用的名言警句一定是与课程内容或主题紧密相关的才能真正起到升华主题的作用。比如，我在一门课程中讲到"一个人对社会发展的影响"时，就引用了罗永浩的经典语录：每一个生命来到这个世界，都注定要改变这个世界，你别无选择。如果你做一个好人，这个世界会因为你变得美好一点点，如果你是个恶心的人，这个世界会因为你而变得恶心了一点点。

使用名言警句没有什么技巧，看到和主题适合的，直接摘抄或引用即可。对做课的人来说，最难的应该是去哪里找到适合的名言警句。

大家可以收集、整理自己的名言警句素材库，在以后做课时，直接从素材库提取、使用即可，这样可以节省大量收集名言警句的时间。

角色对话

当我们对某一个知识概念用空洞的文字无法表述清楚时，可以使用角色对话的方式来帮助用户更加轻松地理解这个知识概念。

角色对话的灵感来自戏剧领域，即通过塑造不同的角色来演绎同一个主题。我们在做课的时候，可以借鉴这个技巧。

比如，我们在做《人人都能做一门好卖的课》时，其中有一节课讲到小白思维这个知识概念。但对第一次接触这个概念的人来说，很难理解它到底是什么意思，而且大部分人，特别是技术"牛人"，都缺乏用户思维而不自知。

我怎么来体现缺乏用户思维的人，以及描述在现实生活中，他们的具体表现是怎么样的呢？

最好的办法就是，塑造两个角色，一个是 PPT 小白，一个是 PPT 大神，这两个角色通过对话的形式把 PPT 大神和 PPT 小白缺乏用户思维的样子生动形象地表现出来。

角色对话可以把原本枯燥的知识点变得生动形象，学习起来代入感强，轻松有趣。我们在设计角色对话场景的时候，需要注意以下 3 点。

（1）两个主角的关系一定要通过对话内容体现出来。那么应该如何体现呢？你可以在称呼上体现。比如，如果是师生关系，那么对话中可以出现"××老师"；如果是夫妻关系，那么对话中可以出现"老公"；如果是上下级关系，那么对话中可以出现"张总"等。

（2）两个主角的对话内容一定要与知识点相关。不要因为对话而对话，而是要通过对话来对知识概念进行生动的演绎。

（3）对话内容一定要精练，不要像写小说一样，对起话来没完没了，一旦对话拖沓，就会影响用户的学习体验。一般来说，6 次对话以内是合理的，如果超过 6 次的话，建议把对话内容融合一下。比如，"嗯嗯""是的""太棒了"等语气词不要独立形成一个对话回合，这样很占篇幅，把它们直接融合到其他对话中即可。

增加互动

如果你经常参加课程学习，那么你对老师在课堂上的互动场景应该不会感到陌生。

互动是主讲老师增强学习体验最常用的手段，特别是在直播课上，在设计直播课的时候，我们要求至少每隔 5 分钟必须进行一次互动。

增强互动源于翻转式课堂的授课模式。简单来讲，不是老师一直讲，进行单方面的知识灌输，而是通过互动引发学员思考，激发学员智慧，让学员深度参与到教学中。这样既可以避免学员上课走神，也可以集合所有学员的创意，带给学员更多的启发和收获。

互动的形式有很多种，最常见的有以下两种。

第 1 种，提出开放性问题，大家广泛讨论。比如，我在做《超级文案》这门课程的时候，有一个章节讲的是如何提炼产品核心卖点的方法论。我提出了一个问题："现在我给你一个水杯，你会从哪些角度开始提炼这个水杯的核心卖点？"

提问题不仅是为了吸引更多的学员参与讨论，还是为了引出接下来要讲的主要内容，而问题的答案往往是接下来要讲的课程重点。

第 2 种，出一道测试题让学员回答。比如，我在做《爆款文写作》这门课程的过程中，讲到如何写公众号文章时，为了和学员互动，我出了一道题目：

在阅读公众号的文章时，你对哪些文章感兴趣？

A. 文笔好，文字优美、有意境

B. 逻辑清晰，能快速抓住全文主旨

C. 代入感强烈，开头就能抓住我们的心，感觉说的就是我们自己

现在，请告诉我，你的答案是哪一个？

我们都很不喜欢考试，但不意味着我们不喜欢做试题，恰恰相反，学员很喜欢做那些没有得分压力的试题。比如，MBTI 性格测试（国际版）一共有 128 道题，很多人做得不亦乐乎。

所以，在课程内容中加入测试题的互动环节，可以延展出很多话题。

需要注意的是，我们在设计测试题的选项时，虽然没有标准答案，但是你要设计一个可以引导大部分人都会选择的答案，而这个答案就是你课程内容的核心观点。

除了正确选项，错误选项也不是随便设计的。设计错误选项的窍门有很多，至少遵循以下两个原则。

原则 1，如果不提醒，很多人就会踩坑的选项

比如，前面案例的 A 选项"文笔好，文字优美、有意境"是传统文学的写法，公众号的爆款文不讲究文笔，不追求有意境，因为我们一般看公众号的时间很短，没有时间去欣赏、品味，只要能把一件事完整地介绍下来就是一篇好文章。

遵循这个原则的重要目的在于借助做试题的机会，提醒学员不要去踩坑。原则背后的逻辑就是，如果你觉得这个选项不对，那么在学习和操作的过程中就不要犯同样的错误。

原则 2，看上去正确，实际上是错误选项

比如，前面案例的 B 选项"逻辑清晰，能快速抓住全文主旨"，这个选项很容易误导大家，乍一看，你会觉得没有毛病，但只要深究，你就会觉得这个选项是不合理的。因为逻辑清晰是创作者思考的事情，和学员没有关系，学员想的是，你的文章内容跟我有什么关系，我为什么要阅读你写的东西呢？

最后提醒一下，在用测试题增强互动时，选项不宜太多，如

果选项太多就会给学员造成认知负担，特别是遇到一些有选择困难症的学员，他们就直接放弃互动了，一般 2 ~ 4 个选项比较合适。

4.6 交付——如何搭建课程学习服务体系

什么叫课程交付？

课程交付的本质是课程的售后服务，是指在学员报名之后能享受的一切学习服务。

学习服务的形式有以下两种。

人工服务：在学习期间，有讲师、班主任、**教练 / 助教**、教学专家等多位老师同时服务学员。

工具服务：线下课、学习社群、学习资料包、直播答疑、学习奖品、提供学习资源等。

4.6.1 如何把握课程交付的轻重程度

对一个重度知识付费的学习者来说，你经常能听到他们这样评价不同类型的课程："这门课程就是让你自学的，没什么服务""那门课程的交付做得很重，体验可好了，简直把你捧在手心里当成心肝宝贝""还有一门课程，老师很严格，一周学习下来，简直要'掉一层皮'，但学习成长的速度很快"。

也就是说，不同的课程类型，交付服务的轻重程度是不同的。

在搭建课程服务体系时，课程服务的轻重程度取决于两个因素：课程类型和课程售卖价格。

还记得我们第 1 章讲过的 5 种商业课程类型吗？根据交付服务由轻到重的排序是这样的：认知增量类课程（1 ～ 1000 元）＜技能提升类课程（1000 ～ 9000 元）＜咨询陪跑类课程（5000 ～ 10 000 元）＜结果保障类课程（5000 ～ 50 000 元）＜圈子人脉类课程（10 000 ～ 100 000 元）。

其中，认知增量类课程价格低，以自学为主，几乎不需要学习交付服务，即使有也很轻，比如，评论区互动或做个简单答疑、加餐课就可以了。

其余的 4 类课程价格越贵，交付服务越重，交付的内容和形式越复杂，需要涉及的交付人力越多。如果不是教育机构，没有稳定的交付团队，那么不建议大家做交付服务很重的课程。

如果你是一个人做课，那么我建议你去做不需要教学交付的课程，这样就省去了很多后续的麻烦，其实做教学交付的技术含量不高，而是很多烦琐的事情，考验的是你把握服务的细节和耐心，简单来讲，就是费力不讨好的事情。

需要注意的是，交付服务在学员报名前的服务承诺和报名后真正享受到的服务之间经常出现断层现象。这是因为我们在做课程包装和销售课程的时候，为了把课程销售出去，会"过度"承诺我们的教学服务。但真正到了学习阶段，学员会发现之前的服务承诺都实现不了。

这就很容易引起学员的退费纠纷或学习社群的"炸群危机"等。所以，你能提供的学习服务保障最好能够量化，给报名的学员列一个学习服务清单。尽可能保证在学员报名前和报名后的学习承诺是一致的，这样你就可以把主要精力放在如何提升学员的学习效果上，而不会因为承诺不到位花很多时间处理学员的各种投诉问题，这就违背了教学的初心和本质。

4.6.2 课程服务体系的两种核心交付方式

前面我们讲到，不同的课程教学服务体系不同，那是不是就意味着，我们在搭建课程服务体系的时候会不知道从哪入手呢？

其实不是的，尽管教学服务体系很复杂，但是核心交付方式就两种：结果交付和体验交付。在搭建教学服务体系的时候，围绕这两种核心交付方式展开就可以了。

结果交付

所谓结果交付，是指学员真正实现了报课目标，真正获得了自己期待的学习效果。

举两个例子，比如，你报名了《魅力声音提升课》，学完之后，你的发音改善了很多，甚至能像主持人那样，声音很有磁性。

又比如，你报了《减肥塑身课》，按照课程里的实操方法，2个月后，你成功减掉 20 斤，锻炼出了好身材。

结果交付是学员愿意报课程的原动力，每个学员在报课程的时候都怀着一个美好的愿景，那就是自己通过学习之后获得的成就。

但是不是所有人都能达到自己期望的学习结果呢？当然不是，所以才有了体验交付。

体验交付

体验交付就像我们寒窗苦读 12 年，所有人都渴望考上理想的大学。但最终一多半的人名落孙山。这是因为学习是很个性化的，一套标准的课程教材和授课方式根本不可能适合所有的学生，总是有很多学生因为无法理解课程内容或无法适应老师的授课方式而变成一个别人眼里的"差生"。

这套逻辑在商业化课程领域依然适用。你研发了一门课程，有几百人甚至几万人报名，你认为你有能力把所有报名的学员都培养成优秀学员吗？

即使是哈佛大学，也无法将每一名哈佛学生都培养成才。哈佛大学每年的成才率只有 20% 左右。也就是说，在 100 名哈佛大学生中，只有 20 名学生能真正取得成功，其余的 80 名学生最终都籍籍无名。

有课程研发经验的人在搭建课程服务体系的时候，会有一个核心指标，叫优秀率，优秀率大概为 20% 左右。意思是在所有报名的学员中，有 20% 的学员可以达到学习目标（也就是结果交付），其余 80% 的学员因为种种原因无法达到学习目标。

针对无法达到学习目标的 80% 的学员，我们该怎么办呢？这些学员花钱报名学习，在报名的时候学习动力十足，渴望学有所成，成为人中龙凤，但进入课程学习之后，发现不是那么回事。

这几乎是所有课程变现的人都会面对的糟糕局面，爱闹事儿的学员肯定会用尽一切手段要求退费，倍感失望的学员可能会留下差评或在各大自媒体平台评论。

一般在这种情况下，体验交付就变得无比重要了。所谓体验交付，是指学员在学习过程中的体验感很赞，学员很满意，虽然没有达到最终期待的学习目标，但他觉得讲师很棒，内容很好，助理教练很负责，额外提供的稀缺资源很实用，或者这门课程带领他突破了舒适圈，扩展了他的人脉圈等。课程方法论虽然没有提升他在某个领域的技能，但是他把这些方法论应用到了工作、生活中，给他的工作、生活带来了实实在在的改变。

体验交付最好的结果是，远远超出学员的学习预期的结果，虽然没有达到学习目标，但学员的收获远比预定的学习目标要多得多，这是意外的惊喜。

体验交付最差的结果是把所有学习服务项目都用上，让学员时时刻刻都在被关怀和督学的处境中。让他们觉得没有达到学习目标，不是因为课程不好，不是因为老师不行，而是他自己的问题，比如，他的学习能力有限，他没有足够的学习时间等。

我们以结果来推过程，无论是结果交付还是体验交付，在搭建课程服务体系的时候，最终都是为了达到以下两个目的。

（1）降低学习难度。

（2）提高学习体验。

降低学习难度和提高学习体验听上去好像是两件事情，但是从教学交付的角度来说，它们本质上是同一件事情，也就是说，降低学习难度的同时能达到提高学习体验的目的。所以，达成这两个目的的教学手段是一样的，统称为搭建教学交付体系的 8 个技巧。

4.6.3　搭建教学交付体系的 8 个技巧

我强调一下，如果没有完善的交付团队，我建议你不要研发售后交付很重的课程，只需要卖不需要交付的自学课程就可以了。

搭建教学交付体系是一项很复杂的系统工程，而且个性化和定制化很强，不同的课程搭建的流程和方法不一样。我这里介绍8 个通用的技巧，看完后一定会对你有所启发的。

制作标准化的教学运营 sop

如果是成熟的教育培训机构，那么一定有标准化的教学运营sop，特别是班主任，每位班主任应该都有一份 sop。

一份标准化的教学运营 sop 需要量化 3 个维度：什么时间、什么人、负责什么教学任务。一定要把这些清清楚楚、明明白白地写到同一张表格上，而且要记录每天完成任务的情况，即哪些任务如期完成了、哪些任务没有完成，如果没有完成任务，需要进行哪些补救措施等。

我在这里主要想提醒的是，那些没有教学服务团队，一个人负责售课、讲课和教学交付的那部分人，他们的教学服务没有标准化的教学运营 sop，什么时候该干什么，全凭自己临场发挥。忙的时候，他们全然不理会学员，不忙的时候，疯狂地督促学员跟上学习进度。这样就会造成教学服务质量很不稳定。

我见过太多在教学服务上很随性的 KOL，他们总是迷信于靠一己之力就能 hold 住教学运营的方方面面，结果经常发生"翻车"事件。

我一直认为，标准化的教学运营 sop 是搭建教学交付体系的基本盘。如果你要把教学服务质量提升到 80 分以上，那么，教学运营 sop 能够帮助你保持 60 分的合格水平，其余 20 分需要定制化的服务加持。

但 60 分对教学运营来说非常重要，它可以有效地规避学习社群爆发"炸群危机"，同时能够约束学员养成良好的学习习惯，最重要的是，不会让你每天为了服务好学员而变得手忙脚乱，可以大幅度提高你的教学服务效率。

配合使用教学辅导工具和资料

你可以好好回顾一下上学时，如果要想每次考试都考出好成绩，那么不可能只看课本，还需要很多教学工具和资料的辅助，比如，通用的有各科目的练习册、参考答案资料等。如果学习地理科目，那么你需要用地球仪等辅导工具；如果学习生物科目，那么你需要用人体构成图谱等辅导工具；如果学习数学科目，那么你需要用尺子、三角板、圆规等教学辅导工具。

我们的教学服务也一样，不可能只督促学生干巴巴地听课，这样太枯燥了，还需要借助丰富的教学辅导工具和资料。我给你介绍几种成本低、超实用、学员学习体验感很好的辅导工具。

第 1 种辅导工具：知识地图

一门课程有很多知识点，学员很容易学了后面的知识点，忘记了前面的知识点，很不利于他们进行系统学习，这个时候，知识地图就能发挥重要作用了，你把整门课程的知识点汇总成一张知识地图，让学员可以一眼看到知识点的全貌，这样有利于他们进行复习，甚至可以成为他们进行实战的指导手册。

知识地图是把所有的知识点都放在一起，所以很容易出现知识点混乱的情况，这不仅不利于学员进行知识梳理，还会让他们越看越迷糊，无端地增加了他们的认知负担。所以，在设计知识地图的时候，不要做成纯文字的形式，要图文并茂，有精美的设计感，这样看上去显得档次高。知识本来就是很值钱的，你要让它在设计包装上看起来很有价值，除此之外，还要利用各种手段（流程化结构、金字塔结构、四象限法则、统计表格、数学公式）

去呈现不同知识点之间层级分明、逻辑清晰的关系。

比如，妈妈不烦推出的《女性财富榜样计划》课程通过设计一张成长地图（如下图）带给学员很好的收获感，希望对你有所启发。

第2种辅导工具：万能模板

万能模板也叫懒人模板，是专为懒人设计的，这听上去和学习不搭调，但很多学员报名的时候，潜意识里就具备了懒人思维。

所谓懒人思维，是指既想追求成功，又不想付出努力，简单来讲，就是想"躺赢"。站在学员的角度来说，我不花钱，是不敢想"躺赢"的，但现在我花钱报名了，你不能让我太辛苦才能成功。不然，我为什么要购买你的课程呢？我自己辛苦点不就节省学费了吗？

并且你不能跟有懒人思维的学员计较，如果计较的话，他就会认为你的课程质量不行，老师讲课的能力不行。那怎么办呢？很好办，直接用万能模板。

所谓万能模板，是指我搭建一个标准的框架，你直接在框架里面填上内容就行了。比如，我在做《探店达人技能强化营》这门课程的时候，需要教学员写短视频脚本的技能。无论你教学员多少种写作技巧，他们都会觉得很难。于是，我们就直接给他们提供 20 个标准探店短视频脚本的万能模板，学员可以根据自己的探店信息，在这些模板上直接修改一下就可以使用了。

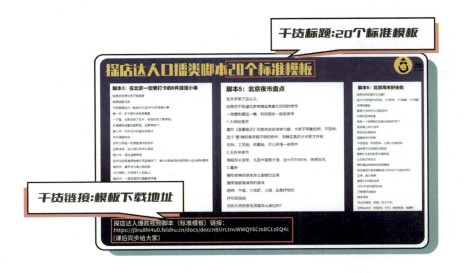

还有一些 KOL 直接梳理出标准的脚本公式，空出一些个性化的信息，学员在脚本公式中直接填上自己的个性化信息就可以了，直接把写短视频脚本这种复杂的技能变成了简单的填空题。

第3种辅导工具：素材库

和万能模板起相同作用的是素材库。

我们在学习的过程中，需要很多相关的素材来支撑。收集课程素材是一项毫无技术含量、很烦琐、耗时耗力且低效率的工作，你让学员去收集课程素材，他们就会表现得很痛苦。很多学员因为不愿意收集课程素材或收集不到课程素材，从而在收集课程素材这一阶段就直接放弃学习了。

如果你能给学员提供一个丰富的素材库，避免他们因收集素材而痛苦，那他们学习体验感马上就提升了。

我之前做过一门《短视频剪辑》课程，剪辑视频需要用到很多图片，在学员学习的过程中，他们之所以坚持不下来，不是因为学不会剪辑的技能，而是因为找不到素材。后来，我们整理了几千张照片素材，并按照不同领域进行了分类，汇集成一个视频剪辑素材库，同步给每一个学员。他们如果愿意自己拍照片最好了，如果不愿意找素材没关系，可以直接从几千张的视频剪辑素材库里面直接选取素材。

比如，我们在做《人人都能做一门好卖的课》这门课程时，学员在设计内容结构的时候需要用到很多知识模型。让他们自己去搜索知识模型，他们不一定能搜索到，于是，我创建了一个内含几百个常用的知识模型的素材库同步给学员，从而大大提高了他们做课的效率，教学服务体验感随之提升。

第4种辅导工具：测评

测评工具挺常见的，大家应该都不会感到陌生。在你报名的时候会通过测评检验你当前的学习水平，学习完之后，再测评一次，检验你对课程内容的掌握情况。

测评工具的应用范围很广泛，就像做试题一样，只要没有分数的压力，大家就很乐意做测评，给学员的体验感很好。比如，很多职业发展规划的课程会搭配性格测评来界定你的性格类型，为你制定合理的职业发展路径。很多积极心理学课程会搭配心理测评来测验你当前的生活幸福指数。

我之前做过一门《副业赚钱课》的课程，其首先通过测评来测试你内心对赚钱的渴望程度，然后根据测评结果来界定你人生的暴富指数。当然，暴富指数没有科学依据，提醒学员不要太认真，对教学运营来说，这些只是作为提升教学体验的手段而已。

作为课程研发人员，不要把测评工具想得很复杂，也不要认为只有专业的测评机构才能研发测评工具。事实上，大家都可以研发测评工具，因为我们做测评的目的是提升学员的学习体验，而不是做科学研究，所以，这点没有必要很讲究。

在教学服务体验上，最常见的测评方式是让用户评估自己的实际情况并对程度级别进行打分。

举个例子，我曾经在做《父母成长课》这门课程时，为了帮助学员判断他们的孩子到底有多叛逆，我列出了 10 个问题，每个问题的旁边都有一个括号，父母写出他们的孩子叛逆行为的程度，选填 1 ～ 5，1 表示叛逆行为最弱，5 表示叛逆行为最强。

（1）孩子经常发脾气（　）。

（2）孩子经常与成年人发生争执（　）。

（3）孩子经常公然反对或拒绝遵守成人的要求和规则（　）。

…………

一共有 10 个问题，分数为 10 ～ 50 分，最终的分数段所对应的孩子叛逆程度如下。

10 ～ 20 分：说明你的孩子只是比较调皮，不叛逆。

21 ～ 30 分：说明你的孩子轻度叛逆。

31 ～ 40 分：说明你的孩子中度叛逆。

40 ～ 50 分：说明你的孩子重度叛逆。

需要注意的是，如果你不知道做什么测评，那么就直接做对程度级别进行评估、打分的测评。你只需要设计问题和进行程度判断，并根据最终的程度判断给出相关的行动建议。比如，针对轻度叛逆的孩子，父母应该怎么做；针对中度叛逆的孩子，父母应该怎么做；针对重度叛逆的孩子，父母应该怎么做。

第 5 种辅导工具：实战"兵器"

所谓实战"兵器"，是指在实战过程中需要用到的必备工具。

执行课程方法论需要相关的工具来辅助，就像士兵上战场，手上必须有兵器一样，比如，如果你想学骑马就必须配一套马鞍，如果你想学钓鱼就必须配一套鱼竿。

我们之前开发了一门《短视频直播》课程，如果学员报名，我们就会赠送一套直播支架。同时，我们曾经跟别人合作过一门《魅力声音实战营》课程，如果学员报名，我们就会给学员赠送一个专业的录音麦克风。

在课程研发的过程中，很多研发人员把实战必备工具的采购链接直接发给学员，让学员去购买与实战相关的配套设备。说实话，这样给学员的体验感很不好。

比如，魅力声音课程的定价是 4680 元，录音麦克风的零售价是 398 元，批量采购成本价是 180 元。站在学员的角度来说，花了 4680 元报名，现在还要花 398 元购买一套录音麦克风，不是买不起，而是心里很抗拒。学员心里会想：我已经花了 4680

元报课程了，就不能赠我一套录音麦克风吗？而且，很多学员为了省钱，不愿意购买录音麦克风，这样会直接影响教学效果。最终的结果是，因为几百元学员心里会感到不舒服，老师教起来很无奈。

你还不如把设备成本直接加到报名费里面，成本批量采购价格为 180 元，加上邮费 20 元，在成本上增加了 200 元，但你可以把魅力声音课程的定价提高 300 元，变为 4980 元，可以在包装上宣传：报课程送价值 398 元的录音麦克风。

这是双赢的局面，作为老师来说，间接地提升了课程利润，作为学员来说，报名费为 4680 元和 4980 元，在感知上区别不大，但后者可以免费获得价值 398 元的录音麦克风，这样就充满了意外的惊喜。

如果你研发的课程需要实战设备的话，我建议你直接赠送实战设备，然后把赠送物品的成本加在报名费里面，这样可以大大地提升学员的学习体验感。

设计游戏化的学习机制

游戏化学习是近几年来非常火的概念，尤其在 B 站，你的学习视频如果不加点生动、有趣的游戏元素，那么就很难得到 B 站的流量扶持。

不过商业化课程的游戏化的学习机制过去几年仅在 K12 领域大行其道。其实，成人职业教育也需要游戏化的学习机制，不是只有小孩子爱玩游戏，大人也爱玩游戏，甚至比小孩子还喜欢玩。游戏化的学习机制已经成为很多教育培训机构和老师们提升学员完课率和作业提交率的"救命稻草"。

那么，应该如何设计游戏化的学习机制呢？游戏化的学习机制依据是《游戏改变世界》一书中讲到的"设计游戏四大特征"。

特征1，目标。为学员指明努力的具体方向。让学员知道自己的学习目标是什么。

特征2，规则。对学员实现目标的方式进行限制，这是体现公平的重要原则，为了防止学员为了达到学习目标而不择手段。

特征3，反馈。每前进一步都能收获正向反馈的相关奖励，并告诉学员距离目标有多远，看到学员每一步的成长。

特征4，自愿。学员随时可以参与其中或选择退出。这是我们在设计游戏化的学习机制的过程中最难的一点。毕竟学习不是游戏，不是你想退出就真的可以退出的。退出游戏了可以不玩，退出学习了就不能继续学习了，这样就违背了游戏为学习服务的初衷。

当然并不是没有自愿学习的解决方案，我们可以设置一个学习缓冲地带，当你感到学习累了、情绪上来了、不想学习了，可以进入学习缓冲地带缓一缓，缓过来以后，走出缓冲地带继续学习。

学习缓冲地带和"反悔日"的作用是一样的。比如，你要坚持运动100天，可是你总是有偷懒的时候，当你坚持运动了60天，想偷懒1天时，在61天的时候中断了，那么你就不继续执行100天的运动计划了吗？那多可惜啊！于是就有了"反悔日"。你每周有一次反悔的机会，在"反悔日"你可以不运动，其并不影响你第2天继续坚持运动。你最终的目的是运动100天，而不是一定要持续地运动100天。根据人的身体机能情况来说，偶尔休息一两天比持续性地劳累更加健康。

把设计游戏的4个特征应到游戏化的学习机制中，应该如何操作呢？有两种操作手段，它们分别为学习机构游戏化和学习内容游戏化。

学习结构游戏化

学习结构游戏化就像玩王者荣耀一样，每一个阶段都有相关的任务，完成任务之后就能获得等级提升，从青铜一直提升到王者。除等级之外，还有积分和排行榜。可以根据积分的多少兑换不同的道具，这些道具可以让你的能力更强或让你满血复活，可以帮助你更快、更高效率地通关、升级，最终拿到王者的最高荣誉。

我们可以把学习分成不同的阶段，在每个阶段中设置了不同的学习任务，任务完成之后就可以获得等级提升，为了调动学员的参与积极性，等级的名称可以设置得有吸引力一些，让学员对学习通关充满期待。除此之外，还要设置学习积分，用学习积分可以兑换各种各样的奖品，积分的本质其实就是即时的正向反馈。

奖品的设置很讲究技巧。不能太过于"鸡肋"，让学员失去兑换奖品的动力，但出于教学成本的考虑，也不能太贵重。两者之间要找到一个平衡点，当然，奖品最好要与学习主题相关。

我认为奖品可以分为两种：物质的奖品和虚拟的奖品。

物质的奖品是指看得见、摸得着的实实在在的奖品。可以是学习大礼包，比如学完第一阶段的课程后，奖励学员一门价值 1999 元的课程。可以是奖品，奖品有很多形式，比如学完某章节的内容或提高了某一周的作业质量，可以奖励学员作者签名书或补充学习能量的咖啡、线下课程的入场券等。也可以是奖学金，比如微信红包等。我们在做《素人也能火博主必修课》课程时，学员只要发布一条视频且播放量破千次，就可以获得一张价值 100 元的抖加券。

虚拟的奖品是指看不见、摸不着，但实实在在的奖品。虚拟的奖品不代表不值钱，相反，可能是无价的，其吸引力绝不亚于物质的奖品。它可以是加入某个圈子的机会，比如学员在学习《探店达人技能强化营》课程的过程中，如果完成所有作业，就可以加入同城探店达人群，进入群里可以连接很多探店商家。可以是名人、大咖一对一咨询的机会，比如学员在学习《个人品牌 IP 训练营》课程的过程中，如果成为优秀学员，就可以获得跟大咖老师通话的机会。也可以是某个领域的稀缺资源，比如，学员在学习《写作变现实战营》课程的过程中，只要完成作业，就可以获得丰富的投稿变现资源。

学习内容游戏化

学习内容游戏化是将学习内容通过具体的游戏来呈现，在一个完整、自洽的游戏空间中进行知识内容的理解、记忆和运用。比如在虚拟游戏中进行答题闯关竞赛、多剧本模拟情境演练、仿真模拟等。学习内容游戏化比学习结构游戏化更复杂一些，不仅对内容研发要求极高，还要与时俱进，充分利用最新的高科技工具。

近几年，从游戏闯关、模拟情境演练到剧本杀、桌游，再到 VR/AR 模拟演练，这种游戏化学习实践在快速发展中。

比如，风变的人生设计课程不再是我们常见的视频教学或语音文字教学等传统模式，而是情景交互的模式，没有老师讲课，学员不需要学习，而是直接互动，非常智能化。学员打开课程后，课程像电影一样解说基础的知识点让你参与互动做题，做完题之后可以解锁实战应用知识点的场景、剧情。边学边练真的会把游戏化的精神融入课程的每一滴"血液"中。

人性化的陪伴式督学服务

现在是一个获取知识非常便捷的时代，如果你想学习一门知识，那么只需要用一部电脑或一部手机基本上就能搜索到这门知识的所有内容。

但为什么还是有很多人花几千元报名参加相关的训练营呢？除了他们的惰性，最重要的是，他们希望加入一个正规的学习组织，让自己处在一个学习氛围浓厚的环境中。有的人天生就缺乏自律，需要一直被督促来对抗惰性。

这也是为什么训练营、实战营之类的课程价格普遍比较高的原因，价格高的原因不在于课程内容，而在于人性化的陪伴式督学服务。

你想象一个场景：你原来每天早晨 8 点起床，现在每天早晨 6 点多就有老师给你发微信，提醒你赶紧起床，以及你今天需要学习哪些内容，并给你发送课程的链接。你不敢懈怠，上完课之后，老师给你一个大大的赞，你会成就感爆棚。老师除了提醒你要完成今天的作业，还教你"如何更高效地完成作业"。你感激不尽，利用中午休息时间和下班后的娱乐时间完成了作业，这时，老师不仅给你发来了学习奖励，还在有 200 人的学习群里实名夸奖了你，你就像打了鸡血一样，感觉早晨学习不累，晚上学习也不累。

这不是人性化的陪伴式督学服务的全部。在教学服务的过程中，我非常注重后台数据的反馈。比如，如果后台数据显示，有的学员超过 3 天没有上课，也没有做作业，那么就需要对这个学员进行干预。先用微信联系，如果微信联系不上，就打电话，直到联系上为止。

我们会定位学员为什么没有跟上学习进度的原因。定位主要分为以下 3 个层面。

第 1 层面，学习维度

现在的课程内容对学员当前的能力来说太难了，他们学不会，畏难情绪一上来就不学了。针对这种情况，我们一般会让班主任给予他们鼓励，并安排主讲老师对他们进行一对一式的辅导，优先解决学习问题，再解决畏难情绪问题。

第 2 层面，生活维度

有些学员的学习动力很强，只是可能在生活或工作中发生了变故，无暇顾及学习，比如，他们突然生病住院了；在工作中突然接了一个大项目忙得不可开交；突然出现感情问题，没心情学习。针对这种情况，我们会评估他们当前的状态适不适合学习，如果不适合学习，我们会建议他们申请暂停学习，等到开展下一期训练营的时候跟上课程进度。

如果学员出现了感情问题或突然失去了亲朋好友，他们感到特别伤心、痛苦，我们会让班主任进行情绪疏导。我们一直倡导班主任不要单纯地把自己当成老师，而是还要当成知心姐姐（哥哥）跟学员坦诚地谈心交流。不仅在学习上做好个性化的陪伴式督学服务，还要在学习之外给予陪伴和支持。

最终你会发现，跟竞争对手相比，拼的不是知识，而是服务。服务做得越好，销售就越好。把服务用户的感人故事变成裂变传播的素材就是课程最好的广告。

第 3 层面，焦虑维度

很多人报课程表面上是为了学习、为了努力提升自己，但其实是想通过报课程的方式来缓解焦虑。在真正开始学习的时候，他发现学不会或学习起来太困难了，反而会更加焦虑，两种焦虑一对比，他觉得可以接受没报名之前的那种焦虑，于是就放弃了学习，甚至可能会玩起失踪，老师们都联系不上他。

针对这种情况，能实施的教学干预手段不多，因为他没有内驱力，外驱力无论怎么强，都收效甚微。就像一辆汽车熄火了，你花很大的力气推一下它，它就前进一步。当你不推它的时候，它就不前进了。以我多年的教学经验，我会战略性地放弃这部分学员，把承诺的服务给予他，至于他学不学是他个人的事情。你不用担心这部分学员会投诉，要求退费，他们会觉得，没学好不是因为课程的问题，而是他们自己的问题。

定期的"加餐分享"

孔子主张因材施教，教育是一件个性化、定制化很强的事情，尽管有些课程根据学员在学习过程中暴露出来的问题优化、升级了几十个版本，但并不意味着这门课程可以打 100 分，总会有新学员出现"水土不服"的现象，在学习的过程中，他们会暴露出让你感到措手不及的新问题。

这时候，你想升级课程内容已经来不及了，况且你要意识到一个核心问题：课程不是解决所有问题的终极方案，为了让所有报名的学员都能学得会、学得懂，课程只能承载普适化的知识，每期学员的个性化的学习问题只能通过定期的"加餐分享"的方式来解决。

"加餐分享"有两种形式，分别为 Q&A 答疑和直播答疑互动。

Q&A 答疑是指学员在学习的过程中发现很多搞不明白的问题，而且这些问题不是一个学员的问题，而是很多学员提出来的共同问题，是共性问题。你可以根据这些共性问题，以 Q&A 答疑录制一节"加餐"课同步给学员。

比如，得到 App 上的《薛兆丰的经济学课》，从专业的角度来衡量的话，这门课程已经到达了顶级水平。但学员学完之后，在评论区出现了很多课程无法解答的问题。于是，薛兆丰老师通过每周增加了两节 Q&A 答疑"加餐"课来回答学员的共性问题。

Q&A 答疑解决的是诸多学员的共性问题，但还有很多个性化问题只能通过直播答疑互动来解决。简单来讲，就是通过直播让学员把问题写在评论区，老师实时解答或和学员连麦，师生一起探讨问题的来龙去脉，这种直播已经非常接近线下课程的授课方式，越来越受到"90 后"和"00 后"的欢迎。比如，《探店达人培养计划》课程的主讲老师 Toly 每周会定期给学员上一节 Toly 答疑课程来集中解决在过去一周中学员遇到的各种问题。

因为这些问题都来自学员，与他们的学习效果密切相关，所以他们听"加餐分享"的热情高涨，深度参与的积极性很高，教学体验感很好。特别是对于教学服务手段单一的课程来说，"加餐分享"有可能成为提升课程口碑的重要筹码。

你在设计"加餐分享"教学服务的时候，需要注意两个核心环节：主动收集学员的问题及保证稳定的"加餐"频率。

首先说主动收集学员的问题。无论进行 Q&A 答疑还是直播答疑互动，学员的问题都是重要的组成部分，有些学员的积极性强，他们会直接跟老师反馈问题，但大部分学员是被动式学习，遇到问题时不好意思反馈。因此，只有老师主动询问，才能真正挖掘出学员有参考价值的学习问题。

收集了学员的问题之后,要保证稳定的"加餐"频率,一方面,学员的学习问题是持续性的,在不同的学习阶段会出现不同问题,这些问题都需要及时解决。另一方面,可以培养学员良好的学习习惯,"加餐"频率保持在每周一次是合理的。

不定期邀请大咖坐镇

当我们想报一门课程的时候,一般在宣传单上我们会看到,他们会不定期邀请该领域的大咖进行直播。

邀请大咖进行直播不仅是课程的重要卖点,还是提升课程服务体验的重要手段。这主要源于每个人都有大咖情结,而粉丝总想找机会认识自己的偶像,不定期的大咖分享会给他们提供这样的机会。

邀请大咖有两种逻辑：明星逻辑和榜样逻辑。

所谓明星逻辑，就是邀请该领域的大咖进行直播，比如，我们之前做了一系列的新媒体课程，其中在知乎的课程中，我们邀请了在知乎平台有超过 100 万粉丝的 KOL 来分享。同理，小红书课程和短视频课程也是同样的操作。

榜样逻辑主要是指邀请往期的优秀学员来进行专题分享。榜样的力量是无穷的，而且不像大咖，我们只能以追星的心态来对待。榜样逻辑会让学员感悟到，师长的今天可能就是自己的明天，这些成就是自己努力可以达到的。因此，优秀学员的专题分享不仅给他们提供实战性极强的成长经验，还提升了他们的学习信心。

如果我们邀请的是往期的优秀学员很容易，因为这是对他们过去努力学习的一种肯定，是一种荣耀，同时，给他们提供了一次展示的机会，因此，他们有足够的动力去好好准备专题分享。

邀请大咖比较难，难的地方在于我们要控制整体的教学服务成本，不得不让大咖们"公益演出"，所以，我们邀请的大咖主要是我们人脉圈中的。当然，我们不能总是以"看在朋友的面子上"让他们参与课程，更多的是要以双赢的思维来运作。

比如，大咖可以通过分享的机会为自己做宣传或你也可以作为他邀请的大咖，相当于大咖之间相互支持。因此，在邀请大咖时，把双赢的好处让对方盘点清楚，以此来调动他的分享积极性。

配合线下沙龙

在线上培训行业中，学员的完课率和到播率普遍不好控制，根据我们多年的教学经验，刚开始的时候，学员的学习积极性较高，完课率可以达到 90% 以上，但一般会高开低走，1 个月后，完课率就会下降到 20% 左右了。

完课率下降到 20% 左右是什么概念？也就是意味着在 100 个报名的学员里只有 20 个人是真正坚持学习的，这会严重影响整体的教学效果。

如果有线下沙龙的加持，完课率就会改善很多。这不是猜测，是有结果验证的。我们在做《探店达人技能强化营》课程时配套有线下课程，在线下课程之前比在线下课程之后学员的完课率大概可以提升 25%。

所以，如果条件允许的话，那么我极力主张线上课程配套一些线下课程。虽然学员报的是线上课程，但是学员对线下课程及交流有很大的需求和期待。如果你的学员规模足够大，可以开大型的线下课程，如果你的学员规模不大，可以举办一些小型的线下沙龙。

这种非正式课程的线下沙龙不用专门租场地，不需要完整的上课流程，它类似于小型粉丝见面会一样，成本不会很高，但可以起到和线下课程几乎同等的效果。

我来告诉你，举办线下沙龙的好处。首先，师生之间会有"确认过眼神，遇到对的人"这种感人的故事，而这种故事只可能发生在线下见面会上，在线上是不可能发生的。有一部分学员对线上未曾谋面的教学团队容易产生误解，而没有什么误解是一场线下见面会无法消除的，一旦误解消除后，学员的黏性和忠诚度就会更强、更高。

然后，社群中的学员相互之间的印象仅仅通过是文字聊天或语音聊天形成的，通过线下课程把这些学员聚在一起，他们就变成了同一战壕里的战友，可以迅速建立深厚的友谊，如果发生公关危机，他们可以成为陪你度过危机的绝对支持者。

最后，线下沙龙可以反哺线上教学效果。线下沙龙的交流内容是线上课程内容的有力补充。当然，学员为了准备线下沙龙，会更加认真地学习线上课程的内容。同时，线下沙龙的文字内容、照片、视频可以在社群里进行二次传播，能间接地影响没有参加线下沙龙的学员的学习积极性。

我给你介绍几个低成本举办线下沙龙的方法。

方法 1，鼓励自发地组织同城聚会

线下沙龙有很强的区域限制，所以，鼓励同城的学员之间自发地组织线下沙龙交流会。不需要很多人员参加，大约 10 个人就可以了。比如，我之前做过一门《拆书变现实战营》的课程，就鼓励学员自发地组织线下读书会。教学团队的人员可以不到场，省时省力，效果特别好。

方法 2，鼓励学员提供线下场地

线下沙龙最大的支出是场地租用费，你可以鼓励有条件的学员免费提供场地。比如，我曾经有一个学员是开咖啡厅的，这种场地很适合举办线下沙龙，即十几个人来自同一个学习组织，他们有相同的价值观，可以谈天说地。

方法 3，举办小型粉丝见面会

很多人报课程是奔着主讲老师的"明星"光环来的，你可以租一个酒店的小包间举办一场非正式的小型粉丝见面会，创造和学员深度交流的机会，成本不高，效果极好。

提供相关的稀缺资源

经常混同一个圈子里，你能拥有这个圈子里的大部分资源。在你看来，分享这些资源毫不费力，但对圈子之外的人来说，想进入这个圈子，想拥有这个圈子的资源难如登天。需要有人牵线搭桥把他领入这个圈子里。

这是为什么一门课程的宣传页会花很大的篇幅来介绍课程资源，因为这是一门课程的重要竞争力，甚至有的学员报名不是奔着课程内容来的，而是看中了这门课程附带的资源。

比如，我合作过的一位讲师是写作领域的 KOL，他有很多投稿资源和出版社资源，如果你报名学习他的写作变现课程，他就会给你提供丰富的投稿渠道，帮助你拿到人生的第一笔稿酬。同时，可以分享给你出版社资源，助你实现出版图书的梦想。

当然，资源具有稀缺性，一旦提供给所有人，资源提供方会不堪其扰，资源价值会被严重"稀释"。所以，在一般情况下，稀缺资源不会被轻易分享，会限定获得资源的前提条件。比如，你报了创业类课程，如果你做出一个好的创业项目，那么报名机构就会给你对接风险投资的资源；你报了探店达人类课程，只要你成为优秀学员，报名机构就会给你提供同城的探店资源；你报了写作变现类课程，只要你完成作业，报名机构就会给你提供投稿变现的资源；你报了职业发展类课程，只要你成为优秀学员，报名机构就给你提供大公司的面试机会；你报了写作出书课程，只要你能写出一本合格的书，报名机构就会给你对接出版社资源。

提供稀缺资源可以很好地提升学员的学习体验感。对真正缺少资源的受益者来说，他们当然会给你的课程打满分。即使没有享受到稀缺资源的人，也不会太过抱怨，因为他们清楚地知道，不是老师不愿意给他们分享，而是他们暂时还没有承接的能力。等到他们的能力达到要求了，获得这些稀缺资源就会成为水到渠成的事情。

4.7　录课——如何录制可达到售卖标准的课程

上文介绍了课程制作全景地图的 5 个核心要素，以及每个要素的具体操作步骤。只要你按照详细的步骤，一步步操作下来，研发课程内容和搭建课程服务体系就没有太大问题了。

在课程内容研发出来之后，需要把内容录制成可达到售卖标准的课程。课程录制是一项专业性很强的技能，很难用文字详细还原课程录制的全流程。我只能给你介绍几个好用的录课软件，以及不同录课软件的具体操作指南（在每个软件的官网中或百度搜索一下就可以找到，这里不再赘述）。

现在，市面上比较流行的成品课程形式主要有两种，即语音课程和视频课程。

对于这两种形式的课程，我相信大家应该不太陌生。很多卖课平台既支持语音课程形式，也支持视频课程形式，可以满足用户多元化的学习需求。

把课程内容录制成语音课程比较简单，无论是手机还是电脑，都自带录音软件，而且这些录音软件的功能非常强大，只要在录制的过程中保持安静的环境，录制出来的课程质量一般就不会太差。

下面，我主要介绍 4 种录制视频课程的形式。

相机录制

如果你喜欢板书授课，并且有数码相机，那么我建议你直接用相机录制。

这里的"板"不单单指黑板，电子屏幕也算。例如，插座学院创始人讲升职加薪的课程，用的就是"电子屏幕 PPT+ 真人出境"这种形式。如果是黑板，就是"黑板 + 真人出境"，你可以一边在黑板上写，一边真人出境讲解。

这种形式很好地还原了上学时老师在讲台上讲课的场景，可以给学员很好的上课体验感。

EV 录屏软件

对于录课新人来说，EV 录屏软件是非常友好的录课软件，我推荐第一次录课的人使用。

该软件堪称"傻瓜式"操作，非常简单，容易上手。你只要按照官网上的操作步骤，自己研究几分钟，就能知道怎么操作。

操作简单不意味着功能一般，事实上，该软件的录课功能很强大。它支持"三分屏"课程录制，课程 PPT、教师摄像头、教学大纲 3 个场景同步进行，还可以自由编辑背景图。

当然，编辑定制化的背景图属于技术含量更高的操作，第一次录课不使用背景图也没有关系。

该软件号称"免费无水印、无限制，想录就录"。听上去挺好，但免费用户只能享受普通的录课功能，稍微高级一点的录课功能只有在开通会员后才能使用。如果你想录只有 PPT 的课件，免费的功能就够了，如果还想增加讲师的人像效果，就需要升级为会员。会员费用不算贵，每个月几十元。如果你经常录课，那么升级为会员，解锁更多高级功能是非常值得的。

至录录屏软件

至录录屏软件和 EV 录屏软件比较相似，适合录课新人使用。

该软件支持"仅屏幕""屏幕＋摄像头""仅摄像头"3 种录屏模式；可以选择同时录制屏幕内外的声音，灵活可控；还可以选择全屏录制或区域录制，录制区域大小灵活可控。这些功能在 EV 录屏软件中也有。

与 EV 录屏软件相比，至录录屏软件有以下强大优势。

第一个优势：视频自动存储到云端，不占用本地内存。录一门几十节课的课程需要的内存空间是很大的，如果你的电脑内存空间不足，那么该款软件对你会比较友好。

第二个优势：它自带剪辑功能，录完课以后可以直接在至录平台中对课程进行剪辑优化，无须下载剪辑软件，省了很多麻烦。

第三个优势：它可以一键生成视频链接，用户可直接观看，无须下载任何软件。这等于具备了上课平台的功能。想象一下，如果用户在朋友圈购买了你的课程，问你怎么上课，你直接把课程链接发给对方就可以了，非常方便。

该软件同样需要开通会员，非会员只能录制 240 分钟的课程，超过 240 分钟就需要会员资格了。

OBS 录屏软件

OBS 录屏软件是专业版的录课软件，不只是个人讲师在用，很多教育机构也在用。该软件的功能非常强大，EV 录屏软件和至录录屏软件中的所有录课功能，在 OBS 录屏软件中都有。

唯一的不足是该软件的操作太难了，它被誉为"技术大牛"的录课软件，一般人很难弄明白，特别是不太精通电脑的讲师，可能会录课录到失去信心。

当然，该软件也有很多优势。

首先，它是免费的，不需要会员。无论你想"解锁"什么样的录课功能，都不收费。

然后，它可以直接链接很多上课平台，如小鹅通、荔枝微课等。在该软件中，点击【开始推流】按钮，可以一边直播，一边录课。这对于有直播需求的老师来说，是很方便的。

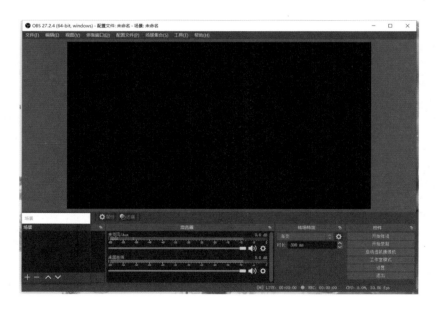

最后，它的定制化功能很强大。例如，你可以定制讲课模板和讲师头像模板，为学员提供更好的上课体验感。

在课程录制出来之后，我们要对课程进行剪辑。专业的剪辑软件有很多种，我重点推荐剪映。剪映是抖音旗下的剪辑软件，有手机版本和 PC 版本。你可以根据自己的习惯，用手机或 PC 剪辑。

剪映不仅免费，操作也非常简单，易懂、易上手。虽然它的剪辑功能无法和专业的影视剪辑软件相比，但是用来剪辑课程是绰绰有余的。

第 5 章
如何把课程卖爆

在第 4 章中，我们重点学习了课程制作全景地图，它能帮助你快速做出人生的第一门课程。不过，课程不是艺术品，你画一幅画或写一首歌，即使没人看、没人听，也无所谓，至少能图个乐呵。但是，几乎没有人做一门课程只是为了自我娱乐。课程本身没有自我欣赏的价值，它的使命是被卖出去，在帮助他人获得成长的同时，让自己也能赚到钱。

既然要卖课，那么至少有 4 个避不开的问题，分别是"卖多少钱""怎么卖""哪里卖""如何才能卖更多"。

和上述 4 个问题相对应的问题如下。

你的课程如何定价，卖多少钱合适？

你的课程应该如何做宣传，让更多目标用户知道？

你的课程应该在哪些平台上架，才能卖得更火？

如何借助身边的资源，为你的课程爆卖添一把火？

5.1 卖多少——你的课程如何定价

在培训行业，"定价则定天下"。为什么这么说呢？因为合理定价可以轻松获客。其底层逻辑是，价格的变动会影响市场需求总量的变化，进而影响销量。

一提到"定价"，一些人首先想到的是根据成本来定价。例如，总体成本 10 元，最终定价 13 元，每单赚 3 元，也就是 30% 的利润。

根据成本来定价是一种比较有效的定价方法，至少能保证自己不亏。不过，这种定价方法显然不适合课程。这不是因为课程不是产品，而是因为制作课程的成本无法准确估算。

对于个人来说，如果不考虑大规模的流量投放，那么制作课程的最大成本是研发成本。研发成本的核心是付出研发时间。一次研发成果可以长期售卖，卖得越多，边际成本就越低，甚至趋近于零。

不过，不能因为研发成本不高就定价很低。最关键的是，不要以为定价很低就能吸引很多人买。虽然一些人喜欢占便宜，但是这不意味着所有人都喜欢买便宜的东西。占便宜的底层逻辑是超高的性价比。

课程应该怎么定价呢？基于多年的卖课经验，我们总结了以下 7 种定价策略。

策略一：课程类型定价法

在第 1 章中，我们学习了畅销课程的 5 种类型。每一种类型的课程都有基础的定价范围。

认知增量类课程，定价 1 ～ 1000 元。

技能提升类课程，定价 1000 ～ 9000 元。

咨询陪跑类课程，定价 5000 ～ 10 000 元。

结果保障类课程，定价 5000 ～ 50 000 元。

圈子人脉类课程，定价 10 000 ～ 100 000 元。

课程类型定价法的主要作用是初步定位课程的价格区间。

在课程定价的第一步，你要很清晰地知道自己做的是哪一种类型的课程，并框定课程的价格区间。

策略二：同平台竞品定价法

我一直认为，优秀的同行是学习的最高榜样，定价也不例外。

我们在参考同行定价的时候，一定要弄清楚两个关键要素，即平台和竞品。

首先是平台。现在有很多卖课变现的平台，如抖音、快手、B 站、腾讯课堂、荔枝微课、千聊、喜马拉雅、小鹅通等。即使卖同一门课程，不同平台的定价也不一样。例如，我有一个学员，她做了一门咖啡店运营的课程，在喜马拉雅定价 99 元，在抖音却定价 19 元，差距比较大。

其实，差距大的不是课程内容本身，而是平台的用户属性。每一个平台的用户属性是不一样的，有些平台的用户消费能力比较高，定价可以高一些，有些平台的用户消费能力比较低，定价就要亲民一点儿。所以，我不太建议跨平台参考同行的定价。

其次是竞品。我们在选择竞品的时候，应该选择同一平台、同一领域、卖得最好的 3 门课程。用结果说话，我们要向有结果的人学习。

为什么选择 3 门课程，而不是其中一门课程呢？因为，选择其中一门课程的参考维度比较单一，容易漏掉一些关键细节。

我们在参考同行定价的时候，容易落入一个陷阱，那就是同行定价多少，我定价多少，至少定价要差不多，如果同行定价 99 元，我就定价 89 元。采用这种定价法，很容易使你的课程成为同行的背景板，你的课程不但卖不出去，反而为同行做了广告。用户看了你的课程介绍和价格，马上在同行那里下单了。

应该如何科学参考同行定价呢？最好的办法是，先梳理竞品的课程、价格和价值体系，再梳理自己的价值体系，对两套价值体系进行比较，根据两套价值体系之间的换算关系进行最终定价。

这个过程听起来好像很复杂。没关系，我们先来看一张"同平台竞品定价策略表"。

同平台竞品定价策略表				
竞品			自己	
竞品课程	竞品价格	竞品价值体系	价值体系	最终定价
《××××》课	×××元			
《××××》课	×××元			
《××××》课	×××元			

怎么使用这张表格呢？

其中，"竞品价格"是显而易见的，最重要的是梳理"竞品价值体系"。课程价值体系也叫课程卖点，包括课程的数量或时长（如多少节课或多少小时）、师资力量、附赠福利、承诺保障、提供的稀缺资源、服务周期等。在这一步，应该尽可能毫无遗漏地把竞品的所有卖点都列出来。

接着，用同样的方式，把自己课程的价值体系全部列出来，列出来之后，和竞品价值体系进行比较。举个例子，竞品的价格是 998 元，价值体系中有 10 个卖点，而你的价值体系中只有 6 个卖点。这并不代表你的价值体系是竞品价值体系的 60%，还要评估每一个卖点的市场号召力是否均等。如果竞品的师资力量强于你的师资力量，经过换算，你的价值体系大约是竞品价值体系的 50%，那么定价可以是竞品价格的 50%，即 499 元左右。

策略三：声望定价法

如果你是知名度很高的名人或某个领域非常著名的权威专家，开设了王牌课程，那么你的课程将具有很大的市场溢价空间。你可以利用用户的崇拜心理，确定一个远高于其他竞争对手或同类课程的价格。

用价格彰显价值，用价值塑造品牌，二者是相辅相成的。声望可以让用户获得一种满足感，这不仅是用户尊贵身份和经济地位的象征，也是一种实力的表现，能够极大地满足高阶层用户的需要。

例如，某歌手的声乐网课一共有 30 节课，定价 1699 元，发售当天销售额突破 500 万元。而同类型的课程，即使由音乐学院的声乐教学大师亲自传授，定价也不超过 399 元，差距很大。

声望定价法基于你的品牌、口碑和在行业内的声望确定价格。如果没有这些前提条件，就不能轻易使用这种方法。

策略四：特定数字定价法

大家经常见到的是尾数定价法，即能定价 99 元，就不定价 100 元。罗永浩卖锤子手机的时候，一开始不信这一套，直接定价 3000 元，结果用户不买账，他不得不做出让步，最终定价 2998 元。

然而，随着尾数定价现象越来越普遍，一些用户逐渐对这种定价法有了全新的解读。例如，你定一个 99 元、199 元、299 元之类的价格，很多重度知识付费用户会在潜意识里把这些定价界定为"割韭菜"的价格，因为大部分"割韭菜"的课程就是这样定价的。

在尾数定价法失效以后，特定数字定价法越来越受欢迎，它不像尾数定价法那样"套路"满满，而是多了几分真诚。例如，同行定价 3998 元，而你定一个特别具体的 3824.6 元，向用户表明这个定价是经过精确计算的（实际上不一定经过精确计算）。这样可以让用户觉得你更认真、严肃，你的课程更便宜、性价比更高。

特定数字定价法是近几年逐渐流行起来的方法，没有前提条件的限制，适用范围广泛。我强烈建议你用这种方法代替尾数定价法。

策略五：比较定价法

用户往往希望用相同的价格，买到更多、更高质量的课程或服务。基于用户的这种心理，你可以对不同的课程进行比较，主动引导用户选择你力荐的课程。

我曾和某短视频博主合作过一门关于短视频的培训课程。这门课程分为理论部分和实战部分，定价 968 元，卖了很长一段时间后，销量并不乐观。经过沟通、讨论，我们想到一个妙招：把这门课程拆分成两门课程，一门是短视频理论课，主要讲做好短视频的底层逻辑和基础方法论，另一门是短视频实战课，主要讲短视频的实操运营技巧。

理论课定价683元，实战课定价968元。看起来没什么特别的，其实，最巧妙的是"理论课＋实战课"也是968元。在使用了这种比较定价法后，这门课程一下子卖火了。没有比较，就没有感知。当用户购买"理论课＋实战课"时，会认为这真是一个明智的选择，一下子省了683元。这种"捡到大便宜"的心理会刺激用户的消费冲动。

策略六：用户感受定价法

用户感受定价法是指根据用户对教育产品的感受来定价。用户在接触一门新课程时，心里是有一杆秤的，这杆秤能帮助用户初步判断预期价格区间。

例如，在你介绍一门新课程时，用户的预期价格区间为1000～2000元。如果你说价格是5000元，那么用户很可能不再理你，因为这个价格和他的预期之间的差距实在是太大了。这是不是意味着你说价格是100元，用户就会毫不犹豫地购买呢？也不一定，用户可能会对你的课程产生怀疑：是不是你的课程内容太"水"了？还是你的教学效果不怎么样？否则价格怎么可能那么低，一定是哪里有猫儿腻。如果你的定价是1500元左右，很可能就成交了。

大部分用户在购买产品或服务时，心中会有一个预期价格区间。不在这个区间内的产品或服务，用户根本不会考虑。

这和买衣服的逻辑是一样的。如果你的消费能力在 1000 ～ 3000 元之间，那么一两百元的衣服你根本不会考虑，即使它们非常漂亮，你也没有想了解的欲望。同理，对于 5000 元以上的衣服，你也不会纠结要不要买，因为这远远超出你的预算范围。所以，我们一定要想办法了解目标用户的预期价格区间。

用什么办法来了解呢？你需要把握以下 3 个重要抓手。

抓手 1：带给用户的好处

你的课程能够带给用户哪些好处？好处的多少决定了用户对课程的心理定价。

例如，对于《探店达人培养计划》这门课程，我们宣称在成为一个成熟的探店达人之后，如果是兼职，那么每月多赚 3000 元是很容易的，如果是全职，那么月入过万元没问题。最终，我们定价 6980 元，这个价格和这门课程带给用户的好处差不多是对等的。

抓手 2：用户的消费能力

这一点很好理解。如果你的目标用户是大学生或刚毕业的职场小白，他们没有多少存款，能够用来为知识付费、提升自己的预算有限，那么针对这样的人群，你不可能做一门上万元级别的课程。同理，如果你的目标用户是企业 CEO（Chief Executive Officer，首席执行官），那么你不可能卖几十元的课程，因此他们根本不会考虑。

抓手 3：用户的潜意识机制

什么是"潜意识机制"？简单来讲，它是人们看待一件事情的心智模式。对于同一件衣服，有些人觉得太好看了，花 1000

元也愿意买，有些人觉得太难看了，连 100 元都不肯花。对于同一门课程，不同的人对它的心理定价也是不一样的，有些人觉得贵，有些人觉得便宜。这个抓手比较隐晦，难以把握，只有在和用户沟通交流之后，才能比较清晰地了解他们的心理定价。

以上 3 个抓手，看上去代表 3 个维度，其实在实际操作的过程中就是一件事情。

我举一个具体的例子。我的训练营里有一个学员，她是做花艺培训的。在来训练营之前，她的课程定价是基础课 9.9 元、升级课 99 元。

结果，她辛辛苦苦做了半年，才赚了两三万元。于是，我帮她分析，花艺培训属于高端生活艺术，想学习这门课程的大致是两类人：一类是想从事花艺工作的人，这个岗位的收入不低，他们可以接受较高的培训费用；另一类是有钱、有闲的富太太，价格太低反而无法引起她们的重视。后来，我对她的课程进行了重新包装，并且把价格涨到了接近 1 万元。当月，她的收入就超过了 50 万元，还非常轻松惬意。这就是用户感受定价法的独特之处。

策略七：试销定价法

当前 6 种定价策略都不能帮你确定课程价格时，只剩下最后一招了，那就是试销定价法。

试销定价法是指先确定一个理想的价格，试销一段时间，再根据销售情况和用户的反馈，调整课程的价格。

我的训练营里有一个学员，她做了一门教人穿搭的课程，纠结了很久，不知道定价多少比较合适。后来，她随便定了一个 299

元的价格，觉得这个价格说得过去，可以保证自己不亏，还有一定的利润，便试销了一段时间。结果课程卖得非常好，用户口碑和反馈都很不错。于是，3 个月后，她把价格涨到了 499 元。

试销定价法是在不知道如何定价情况下的无奈之举，不到万不得已时，不建议使用这种方法，因为它需要付出一定的试错成本。正确的定价步骤应该是这样的：先尝试其他 6 种定价策略，如果它们确实不起作用，那么再使用试销定价法。

5.2　怎么卖——如何设计课程宣传的"标准三件套"

当我们把课程研发出来，并且确定了定价后，接下来的工作就是把课程推广宣传出去，吸引更多的人了解课程，并购买课程。

抛开大型培训机构通过大规模投放流量来获取用户的"烧钱游戏"，对于个人来说，报名、购买课程的流程基本上是一样的。

第一步：你从某些渠道（如公众号、朋友圈等）看到了一张关于课程的宣传海报，海报内容激发了你想深入了解这门课程的兴趣，于是你扫描了海报下方的二维码。

第二步：在扫描二维码后，你首先看到的是这门课程的主图页面，觉得很不错，上面的内容可以解决你当前的问题，或者缓解你的焦虑。

第三步：在看完主图页面后，你接着往下翻，认真查看课程详情页，了解课程介绍的更多细节，看一看这门课程是不是自己真正想要的，能不能真正帮到自己。

第四步：看完课程详情页，你可能会详细了解课程大纲，看一看这门课程讲了哪些重点内容，如果有试听课，那么你可能还会听 5 分钟的试听课。了解到这一步，如果价格比较合适，那么你有很大的概率会下单购买。

整个流程走下来，从课程宣传推广的维度来看，主要包括 3 个关键环节，分别是课程宣传海报、课程主图页面和课程详情页。

行业内习惯把上述 3 个关键环节统称为课程宣传的"标准三件套"，它们是本节重点学习的核心内容。

5.2.1　课程宣传海报

课程宣传海报既是用户接触课程的第一站，也是你和用户建立师生关系的突破口。作为非专业设计出身的小白，如何设计一张 80 分以上的课程宣传海报呢？

其实，一张优秀的课程宣传海报是有"套路"和标准模板的。

提出问题 + 解决问题 + 为什么你能解决问题 + 怎样解决问题

优秀的课程宣传海报往往围绕用户关心的某个问题展开，提出问题，解决问题，说明为什么你能解决问题，以及怎样解决问题。其中，"怎样解决问题"也叫引导行动。

一些人在设计课程宣传海报的时候，不喜欢堆砌很多文字。我的观点刚好相反，课程宣传海报不是品牌形象海报，它不需要彰显品牌调性，最重要的是把一门课程介绍明白，所以文字占比会比较大。下面，我们来看一个具体的案例。

提出问题

"提出问题"是海报主题的核心内容,主要起到两个作用,一是戳中痛点,让用户产生强烈的共鸣,二是激发兴趣,刺激用户产生购买的欲望。

案例中的主标题:个人品牌时代,普通人如何月入 10 万元?

这个主标题能够唤醒用户内心深处"月入 10 万元"的梦想,

从而让用户对这门课程产生兴趣。

解决问题

"提出问题"和"解决问题"就像一对孪生兄弟。如果只提出问题，却不解决问题，就是白费力气。主标题提出了问题，课程内容就要呼应问题，提供有效的解决方案。"解决问题"一般是指课程内容的超级卖点或核心亮点。

案例中的课程内容如下。

（1）内容＋电商，将带来哪些新机遇？

（2）不想压货，小白如何零成本线上开店？

（3）如何成为副业月入 1 万元，全职月入 10 万元的店主？

这些课程内容是对"普通人如何月入 10 万元"的有力支撑，潜台词是"如果你想月入 10 万元，就赶紧报名吧，我们的课程能帮助你实现梦想"。

为什么你能解决问题

这其实是解决用户信任度的问题。用户第一次听说你，凭什么让用户相信你？只要解决了用户信任度的问题，距离用户报名就更近了一步。

这部分内容的核心是罗列讲师过去取得的辉煌成绩，让用户觉得讲师很厉害、很权威，向取得成功的人学习准没错。

案例中的讲师介绍，主要罗列了讲师师北宸过去几年在打造个人品牌领域内取得的 4 项成绩。

需要注意的是，讲师可能有很多厉害的成绩，不过不需要把所有成绩都列出来，只要列出和海报主题相关的 3 ～ 5 项就可以了。一旦超过 5 项，不但不能为海报的权威性加分，反而会占据海报本身就非常有限的篇幅。

怎样解决问题

课程宣传海报的最后一部分内容是"怎样解决问题"。答案当然是报课学习。"怎样解决问题"的核心是号召用户展开行动，我们必须清晰地指明报课路径，如二维码。除此之外，我们还要给用户的报课动机添一把"火"。

这把"火"主要由"限时、限量、限价"和"赠送福利"两部分"甜头"组成。

案例中的"限时、限价"是指原价 39 元，限时 3 人拼团价1 元。

"限量"是指前 300 名报名可获得相关福利。

"赠送福利"是指授权开店的资格，赠送价值 38 元的《0 基础快速开店指南》。

只要你掌握了课程宣传海报的标准模板，确保上述 4 部分内容没有遗漏，设计一张优秀的课程宣传海报就不是什么难事。

5.2.2 课程主图页面

课程主图页面是用户进入课程购买页面的第一视觉广告，它最大的作用是用尽一切办法，刺激用户下单购买。因此，课程主图页面需要传递两条重要信息，即课程整体调性和课程超级卖点。

相应地，课程主图页面主要有以下两个模板。

模板一：课程名称＋核心卖点

例如，我们曾经研发过一门认知成长类课程。

课程名称：颠覆认知成长会。

核心卖点：每年 48 个认知主题，48 节课，48 个可能改变人生轨迹的机会。

模板二：超级卖点＋系列卖点

例如，我曾经和师北宸讲师合作过一门课程，叫作《30 天超级文案变现实战营》。

超级卖点：价值放大 10 000 倍。

系列卖点：零基础入门，即学即用；短期变现＋长期收益；覆盖所有文案使用场景；赠 1999 元文案大礼包。

课程主图页面的设计比较简单，只要确定了课程名称、梳理出了核心卖点，页面内容的所有元素基本上就都具备了。需要注意的是，设计小白往往把课程主图页面想得很复杂，想让其承载所有重要信息。一张图片能承载多少信息呢？设计课程主图页面一定要克制。

5.2.3　课程详情页

与设计课程主图页面不一样，课程详情页的设计一定要详细。

谁会看课程详情页呢？当然是对课程感兴趣、有欲望下单的人。用户在购买课程时，一般会先通过详情页了解课程的具体内容和特色等信息，再决定是否购买。课程详情页是刺激用户购买的"临门一脚"，不仅图片要美观，文案也要有吸引力。

设计课程宣传海报和课程主图页面有标准模板，设计课程详情页也不例外。我把课程详情页的标准模板称为"7+2"结构。

"7"是指每个课程详情页都要具备的 7 个必备要素，分别是课程主题、"提出问题＋解决问题"、课程大纲、讲师介绍、信任背书、承诺保障、效果期待。

"2"是指每个课程详情页可以选择要或不要的 2 个弹性要素，分别是目标用户和引导购买。

必备要素 1：课程主题

课程主题主要体现课程的核心卖点或课程带给准报名用户的直接好处，以此吸引他们的注意，激发他们继续往下看的兴趣。

例如，《30 天超级文案变现实战营》课程详情页的课程主题是"让文案爆发式放大个人品牌和产品的变现价值"。

必备要素 2：提出问题 + 解决问题

这套逻辑和设计课程宣传海报的逻辑是一样的，都是为了戳中痛点，让用户产生强烈的共鸣，或者让用户看到解决问题的希望，对课程产生好感。

仍以《30 天超级文案变现实战营》的课程详情页为例。

提出问题：普通人如何靠"文案"快速变现，实现个人价值和财富爆发增长。

解决问题：耗时 6 个月重磅推出《21 天文案变现训练营》，0 写作基础也能提笔就写，手把手带你少走弯路，即学即收益。

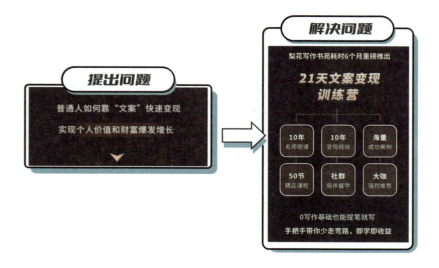

除了"提出问题＋解决问题"这套逻辑，还有一套类似的逻辑，即"戳中痛苦＋远离痛苦"，具体包括以下 3 个步骤。

第一步：描述用户的痛苦场景。

第二步：揭露造成痛苦的根本原因。

第三步：提供帮助用户远离痛苦的具体方案。

例如，抖音上有一门《28 天周期保养瑜伽课》。首先，该课程描述了一系列女人沧桑憔悴的痛苦场景，如面黄粗糙、皱纹难消、脾气火爆、肚腩赘肉等。

然后，该课程揭露了造成痛苦的根本原因——女人老得快，是体内荷尔蒙在作祟，并且对荷尔蒙分泌正常和荷尔蒙分泌失衡的不同身体症状进行了详细对比。

最后，该课程提供了帮助女人远离痛苦的具体方案——让荷尔蒙分泌回归正常。如何让荷尔蒙分泌回归正常呢？该课程给出了简单、易懂、易操作的实战技巧。

必备要素 3：课程大纲

这个要素很好理解，课程大纲是课程内容细节的最佳展示，可以让用户第一时间了解课程大概会讲哪些知识点和方法论，并初步判断这些知识点和方法论是不是自己需要的。

我们在第 4 章中学习"达成路径"的相关内容时，重点学习了如何包装激发购买欲的课程大纲，以及包装课程大纲的注意事项。你可以按照那些方法和技巧，产出让用户无法淡定的课程大纲，嵌入课程详情页。

必备要素 4：讲师介绍

现在是个人品牌 IP 的时代，无论学费是多少，学员对讲师的期待值都很高。所以，讲师介绍非常重要，最好能放上讲师的照片，塑造讲师的专业形象，增强权威感。

课程详情页的讲师介绍和课程宣传海报上的讲师介绍有些不一样。课程宣传海报篇幅有限，只能介绍讲师最重要的头衔和高光成绩。课程详情页不受篇幅限制，可以尽情介绍，把讲师所有厉害的履历都罗列出来，越多、越详细，越有个人品牌 IP 的号召力。

需要注意的是，虽然可以尽情介绍，但是这不意味着像写流水账一样，把讲师过去所有的身份和头衔都展示出来，那样会把简单的事情复杂化。我们在介绍讲师的时候，一定要聚焦于和课程内容相关的身份、头衔，和课程内容不相干的其他履历就不要展示了，展示得太多，反而会损害讲师的专业形象，减弱讲师的权威感和信赖感。

举个例子，我和师北宸讲师合作过两门课程，一门是《人生写作变现训练营》，另一门是《30 天超级文案变现实战营》。同一个讲师，不同的课程，介绍讲师的侧重点是不同的。

介绍《人生写作变现训练营》的讲师师北宸，主要聚焦于他在写作领域的所有成就。

（1）凤凰科技前主编，《纽约时报》中文版专栏作家。

（2）畅销书《让写作成为自我精进的武器》作者，由中信出版社出版。

（3）长江商学院品牌顾问，对外经济贸易大学 MBA 逻辑写作客座讲师。

（4）内训师：助力清华大学创业孵化器、腾讯学院、华为、微软、一汽大众、平安人寿、捷豹路虎等机构。

介绍《30 天超级文案变现实战营》的讲师师北宸，主要聚焦于他在文案领域的所有成就。

（1）畅销书《让写作成为自我精进的武器》作者，由中信出版社出版。

（2）曾通过一条朋友圈，2 天转化将近 200 单，营收接近 2 万元。

（3）曾通过一篇文案，获得超过 500 万元销售额，课程销量超过 3 万单。

（4）曾通过一篇文案，引起罗永浩的关注，并亲自打电话邀约合作。

（5）曾通过 3 句广告语，让《失控》从一本小众滞销书变为被张小龙、马化腾推荐的热门图书。

（6）单篇文案获得 2.3 万人次的阅读量和 30 万元销售额。

必备要素 5：信任背书

用户第一次接触你的课程，为什么会相信你的课程，而且愿意付费报名呢？原因无他，就是觉得你的课程很厉害，能帮到自己。

怎么证明你的课程很厉害呢？当然不能"王婆卖瓜，自卖自夸"，这种话说多了，不仅你会心虚，用户也会反感，觉得太假了。所以，需要让第三方来夸你厉害。自己夸自己很厉害，很难让人相信，有权威的人夸你厉害，你才是真的厉害。

有权威的人或有公信力的机构为你撑腰，这就是信任背书。展现信任背书主要有以下 4 种形式。

资格认证

资格认证是指权威机构颁发的资格证书。这种证书不是谁都有资格获得的，你必须在某个领域取得卓越的成绩，或者你的能力符合某种要求。简单来讲，获得资格认证需要达到很高的门槛。用户可能不相信讲师，但是往往会相信资格认证。

资格认证主要有两种形式，第一种形式是获得权威奖项，如德国 iF 设计大奖，第二种形式是获得权威认证，如欧盟认证。

例如，《28 天周期保养瑜伽课》的讲师就是通过资格认证来给自己的课程做背书的。

（1）一心钻研芭蕾、瑜伽、普拉提等运动，多个权威机构认证的健身讲师。

（2）获得 10 多项国内外瑜伽权威认证。

当然，不要忘记把各种获奖证书的图片展示在课程详情页上。

平台加持

用户可能不信任讲师，不过普遍信任大型的平台。相应地，当用户觉得某个平台很厉害时，往往会认为站在该平台上的人不会差到哪儿去。

你如，你第一次接触一个脱口秀演员，感觉对方看起来不怎么样。可是，当对方自我介绍是《脱口秀大会》全国 30 强选手时，你很可能会不自觉地高看一眼。这就是平台加持的力量。

这样的平台有很多，如著名学校、热门节目、大型企业等。

例如，怎么让第一次认识师北宸讲师的用户对他产生信任呢？我用的方法就是平台加持。

（1）对外经济贸易大学 MBA 逻辑写作客座导师。

（2）热门节目《见字如面》策划人、编剧。

（3）多次受邀为清华经管、华为等著名机构提供内训。

——对外经济贸易大学MBA逻辑写作客座导师——

——热门节目《见字如面》策划人、编剧——

——多次受邀为清华经管、华为等著名机构提供内训——

明星用户

虽然讲师不出名，但是讲师的明星用户出名，也可以做信任背书。毕竟，不是所有讲师都能成为明星背后的人物。当你说××是你的用户或学员时，其他用户对你的信任往往会马上提高，基本上不会再对你的能力表示质疑。

例如，《28天周期保养瑜伽课》的讲师不仅是著名演员刘涛钟爱的瑜伽导师，还是某著名企业家的身材管理师。

大咖推荐

如果有大咖为你的课程撑腰站台，做出重磅推荐，那么课程的信任背书会立马提高好几个档次。

在邀请大咖推荐的时候，要以"聚焦"为原则，最好邀请和课程内容同领域的大咖人物，这种强相关的推荐势能会更高。

例如，有一门讲私域运营变现的课程，邀请了《个人品牌 7堂课》作者秋叶、群响创始人刘思毅、《高阶运营》作者龙共火火、新榜私域总监榜哥等大咖集体推荐。

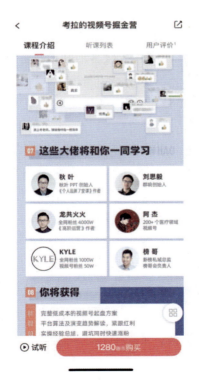

学员好评

对于大多数普通讲师来说，没有获得过任何奖项，没有任何大平台的经历，没有多少用户和学员，更谈不上明星用户，也找不到大咖帮忙推荐，应该怎么做信任背书呢？

在这种情况下，还剩下最后一招，非常简单、有效，即学员好评。

学员好评是讲师最权威的信任背书。就像在电商平台网购一样，最终促使你做出购买决策的，不只是产品有多好，还有用户的好评率。

呈现学员好评的形式建议是真实的聊天截图，或者学员在朋友圈的推荐截图，并且用红色线条把其中的好评内容标记出来。这样既能做到真实可信，又能突出重点。

必备要素6：承诺保障

我们要向用户展示课程的服务保障，让用户清楚地知道在报名以后能享受到哪些学习服务，如果没有享受到预期的服务，那么他们能够获得哪些补偿（如7天无理由退款）。承诺保障可以为用户的购买决策保驾护航，让用户放心下单。

例如，《30天超级文案变现实战营》课程承诺了以下一系列保障。

（1）专业课程自主研发，21天高密度实战训练。

（2）大咖导师权威认可，班班实时在线，学习效果有保障。

（3）独家写作框架，手把手教你快速成文。

············

必备要素 7：效果期待

最后，我们要描绘用户学完课程后的美好状态，让用户感受到课程的绝佳效果，并对此充满期待。

效果期待的呈现形式有两种。一种形式是直接说明用户学完课程后将获得哪些好处。

例如，学完《30 天超级文案变现实战营》课程的用户将获得以下好处。

（1）底层文案思维。

（2）助教老师陪伴。

（3）个人影响力增值。

（4）多渠道变现实战。

另一种形式是说明用户学完课程前后的鲜明对比，营造视觉冲击极强的对比效果。例如，理财课程的文案可以是"不会理财，天天为还债、还信用卡发愁；学会理财之后，不仅买车、买房，还实现了财富自由"。

弹性要素 1：目标用户

上文介绍了课程详情页的 7 个必备要素，接下来是 2 个弹性要素。弹性要素是指可以选择要或不要的内容。

"目标用户"这部分内容可以在以下两种情况下出现。

第一种情况：你很明确地知道课程的目标用户是谁，把目标用户框定出来，该群体在看到课程详情页后会自动对号入座，客观地判断出这门课程是否适合自己。在一定程度上，这样可能会赶走自认为不适合课程的潜在用户，不过提高了对号入座的目标用户的认可度，他们会默认这门课程是为他们这样的群体定制的。

第二种情况：你的课程内容非常小众，并且排他性强，不是特定领域内的人，即使学会了也没有什么用，如果有用户在不知情的情况下报了名，你还要劝退他们，给他们退款，无形中大大提高了教学服务成本。对于这种情况，我建议除了清晰地标明课程适合哪些人，还要标明课程不适合哪些人。

我在设计《探店达人培养计划》这门课程的课程详情页时，清晰地标明了什么人适合做探店达人。

我一共列出了 4 类人。如果你属于这 4 类人中的其中一类，那么你对这门课程的好感无疑会增加几分。

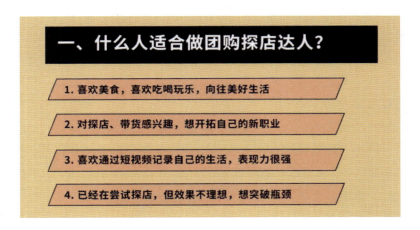

需要注意的是，在标明目标用户的时候，应该尽可能覆盖更多的群体，而不是局限在某一个小众群体中，不要因为这部分内容让真正的目标用户误认为自己不适合这门课程。毕竟，我们标明目标用户的目的是让用户对号入座，而不是"警告"自认为不适合的人不要随便报名。

弹性要素 2：引导购买

不是所有课程详情页都需要承担引导用户购买的工作，所以"引导购买"这部分内容也是弹性要素。

在什么情况下，课程详情页需要增加"引导购买"的内容呢？判断标准是你有没有专业的销售团队负责销售跟进。

如果你有专业的销售团队负责销售跟进，那么引导购买的工作可以转移给销售团队，详情页不需要"越俎代庖"，否则可能给销售团队"挖坑"。销售优惠是动态变化的，而详情页不可能实时更改，如果因此造成销售团队报给用户的优惠方式和详情页上展示的优惠方式不一致，就会给用户一种很不好的体验。

如果你没有专业的销售团队负责销售跟进，也就是说用户需要自助下单购买，那么课程详情页必须承担引导购买的工作。

引导购买主要由两部分内容组成，即"价格锚定＋特定优惠"。

什么是价格锚定？它是指人们在做某个重要的决定时，往往会过度偏重最早取得的第一手信息（锚点），即使该信息与人们的最终决策无关。

例如，你想租房，中介人员可能会先带你看3间环境差、价格高的房子，再带你看第四间环境不错、价格还稍微低一点的房子。这时，你可能会觉得"赚到了"，并且痛快地把定金交了。

为什么需要价格锚定？很简单，你的课程定价99元，这个价格是高还是低呢？无法衡量，必须找到一个参照物，也就是锚点。在这个参照物的对比之下，课程价格到底是高还是低，马上就能判断出来了。

怎么进行价格锚定呢？首先，你要设置一个价格锚点，主动告诉用户一个比较高的价格，然后展示最新的"低价"。这样，用户就会觉得很实惠。

例如，《饭局锦囊：吃出好人脉，财运滚滚来》的课程介绍如下。

价格锚定：线下课程 10 000 元 / 天；线上课程 199 元。

限时定价：99 元！

对比之下，是不是觉得"限时定价"很便宜、很划算？

需要注意的是，由于锚定的价格与实际的价格差距比较大，很容易给用户一种"贱卖"的不佳体验感，因此，我们要给较低的锚定价格一个名正言顺的理由，也就是特定优惠。

设计特定优惠比较简单，在上文中介绍课程宣传海报的时候已经讲过，也就是限时、限量、限价。

5.3　哪里卖——如何选择课程销售平台

当我们制作完课程，并对其进行包装之后，就要想办法变现了。既然要卖课，就必须寻找可以销售课程的平台。只有这样，我们的课程才能被用户购买，我们才能获得真正的收益。

在 2020 年的时候，线上教育市场规模已经达到 4000 亿元。权威统计机构预计，到 2025 年，这个规模将会翻一番，有望突破 8000 亿元。很多企业盯着线上教育这块蛋糕，想从中分一杯羹。相应地，该领域涌现了很多线上课程销售平台，如腾讯课堂、荔枝微课等。只要把你制作出来的课程上传到这些平台，就可以进行销售。

对于卖课小白来说，核心问题是，现在有这么多卖课平台，应该选择哪一个？要想选择适合自己的卖课平台，甚至借势吸引流量，把课程卖爆，你必须想清楚以下 3 个问题。

（1）平台的定位是什么？

（2）平台的主要用户是哪些人？

（3）你的课程内容是否与平台的用户需求相关？

上述 3 个问题至关重要。卖课的关键不是怎么卖，而是在哪里卖。对于卖课小白来说，现有的比较成熟的知识付费平台，门槛大多比较低。不过，这些平台的定位不一样，积累的核心用户群体也不一样，相互之间有很明显的区别。

为了帮助你客观选择更适合自己的平台，我把现有的知识付费平台分成了以下 4 类。

第一类："菜市场"型的卖课平台

这种类型的卖课平台的代表是荔枝微课、喜马拉雅、千聊。它们没有高门槛，只要注册成为用户，就可以在上面卖课、直播。它们就像菜市场一样，入驻门槛较低，也不需要入场费、管理费等，全程免费。当然，这些平台不是做公益的，它们的利润点主要来自讲师卖课的分佣，俗称平台技术费。这些平台的分佣不高，普遍在 6% 左右。也就是说，讲师卖课获得 100 元，平台收取 6 元的技术费，我觉得还是很合理的。

不过，这种类型的卖课平台，调性定位比较低端，客单价大多在几十元到几百元之间，一般不超过 500 元，超过 500 元的课程基本上就卖不动了。

荔枝微课、喜马拉雅、千聊的用户群体比较相似：80% 为女性，年龄在 25 ～ 40 岁之间，生活在二三线城市，主要从事互联网行业的工作，或者是家庭主妇。

在确定了平台用户的基础画像之后，你大概就能知道哪种类型的课程在这些平台上更受欢迎、更能卖爆了。这些课程主要包括 3 种类型，分别是让人更有钱的课程、让人更漂亮的课程、让生活更美好的课程。

基于上述分析，在荔枝微课、喜马拉雅、千聊上，亲子类、职场类、变美类、生活类的课程更容易卖爆。其他类型的课程，销量就比较少了。

第二类："超市"型的卖课平台

以网易云课堂和腾讯课堂为代表的"超市"型卖课平台，与"菜市场"型的卖课平台有很大的不同，它们已经非常成熟，有很高的准入条件，不是所有人都有资格在这些平台上开课的。

例如，入驻腾讯课堂的条件是拥有研究生及以上的学历，或者拥有某个领域的专业资格证书，或者拥有培训机构的认证。这两个平台像超市一样，不是任何产品、任何商家都可以随意入驻的，而是对产品或商家有一定的准入要求。

这两个平台上的课程价格比荔枝微课、喜马拉雅、千聊上的课程价格高很多，均价在 500 元以上。

以腾讯课堂为例。腾讯课堂的用户群体大多是 20 ～ 35 岁的年轻职场人士，其中男性超过 60%，并且学历普遍较高，拥有大专以上学历的用户超过 70%，拥有博士学位的用户达到 20%，因此，腾讯课堂被称为"学霸网站"。

因为核心用户大多处于职场上升阶段，所以该平台中最受欢迎的课程以职业技能培训为主、以职场发展培训为辅。

截至 2022 年第二季度，在腾讯课堂"学习人数规模"最多的课程中，排在前 5 名的分别是平面设计课程、影视设计课程、工业产品设计课程、认证考试课程、绘画创作课程。

近两年，随着知识付费平台的竞争越来越激烈，腾讯课堂不断扩展课程类型，如以日语、韩语为代表的语言类课程，以钢琴、吉他和唱歌技巧为代表的兴趣类课程等。不过，该平台的主流课程仍然以职业技能培训为主。

如果你具备在腾讯课堂开课的资格，而且开发的课程属于职场技能类，那么可以选择腾讯课堂。

第三类："体验店"型的卖课平台

以抖音、快手、B站为代表的"体验店"型卖课平台，发展时间不长，近几年才开始崭露头角，但崛起速度惊人，呈现出爆发式的增长趋势。现在，这些平台关于知识付费的成交量级（特别是抖音），已经远远超过一些老牌平台。

为什么我称它们为"体验店"型的卖课平台呢？我们来回忆一下，在荔枝微课、腾讯课堂等知识付费平台中，你所能了解到的关于课程的信息只有课程主图页面和课程详情页，没有任何关于课程的真实体验。

抖音、快手、B站和前两类平台不一样，它们本身是自媒体平台。自媒体平台的逻辑是"先有流量，才能变现"。一方面，讲师（平台博主）需要不断输出与课程内容相关的视频，才能获得更多粉丝的关注；另一方面，粉丝只有在通过视频对讲师足够了解并产生信任后，才有可能下定决心购买课程。关注讲师账号、观看视频的过程是用户深度体验的过程，所以我称这些平台为"体验店"型的卖课平台。

接下来，我重点介绍一下抖音的知识付费路径。2021年，抖音知识付费的市场规模为30亿元。官方预测，这个规模在2022年会上升至100亿元，发展迅速。抖音在国内有8亿用户，也就是说，每两人中就有一人是抖音用户。用户规模大，意味着什么样的用户都有，我们不用考虑抖音的用户属性是什么样的。

如果你在抖音上有一定的粉丝量，并且输出的视频内容足够专业、干货很多，那么无论你卖的是哪个领域、哪种类型的课程，基本上都能卖出去，只是卖出去多少的问题。

在抖音上卖课的路径主要分为以下 4 个步骤。

第一步：你需要注册个人抖音号，定期发布视频，吸引粉丝关注。

第二步：入驻学浪。学浪是和抖音合作的学习平台，你需要把录制好的课程上传到学浪。

第三步：在抖音小店上架课程。学浪只是一个学习平台，要想卖课，你还需要开通抖音小店。在学浪上课，在抖音小店成交。

第四步：学员付款上课。

上述 4 个步骤听起来好像很复杂，而且涉及 3 个平台。其实，如果你实际操作一下，就会发现非常简单，只要按照申请指南，一步步地操作就可以了。

本节不再详细展开申请指南的操作步骤，这不是什么商业机密，只要在抖音或百度中一搜，就能看到很多图文并茂、通俗易懂的教程，非常生动形象。

我主要讲一些重点事项。入驻学浪是免费的，没有门槛。开通抖音小店有一定的门槛，抖音账号必须拥有 1000 个粉丝，才有资格开通抖音小店，而且需要缴纳保证金。保证金的额度在 2000 ～ 20 000 元不等，和所经营的类目多少有关系，经营类目越多，保证金就越多。在你申请关闭店铺且店铺没有任何违规的情况下，保证金可以全额返还。

第四类："专卖店"型的卖课平台

以小鹅通、格子匠为代表的"专卖店"型的卖课平台类似于线下的专卖店，是由第三方搭建的知识店铺。潜在用户只要扫描二维码或点击链接，就可以进入知识店铺。在整个店铺里都是你的课程，没有其他人的课程。就像在耐克的专卖店里只卖耐克的产品，不卖安踏或匹克的产品一样。

"专卖店"型的卖课平台不像"菜市场"型、"超市"型和"体验店"型的卖课平台，它们自身拥有很多的流量用户。你只要等待流量用户挑选、购买你的课程就可以了。"专卖店"型的卖课平台是没有任何流量的，要想把课卖出去，就必须自己寻找流量，寻找潜在的购买用户。听上去，"专卖店"型的卖课平台对普通小白不是很友好。事实上，我确实不主张做课新人入驻这种类型的平台。

那么，"专卖店"型的卖课平台适合哪些对象呢？主要适合以下 3 类对象。

第一类：专业培训机构。毕竟，不是所有教育机构都像得到和樊登读书一样，有自己的 App。大部分中小型培训机构使用的平台是小鹅通。

第二类：不是单打独斗，而是有一个小团队的人。在团队中，有人专门负责去其他平台吸引流量，有人专门负责卖课，分工明确，不依赖平台的流量用户给自己"输血"，自己可以"造血"。

第三类：打造个人品牌 IP，个人势能强，私域用户多，并且变现潜力大的人。

总而言之，只要你不依赖平台的流量，就不愁课卖不出去。在成交的"主战场"——微信生态里（如朋友圈、一对一私聊、公众号、视频号和社群等），你还可以开一个属于自己的课程"专卖店"。当然，开"专卖店"需要一定的成本，如小鹅通标准版每年需要 5000 元的管理费。

总结一下，我一共介绍了 4 种类型的卖课平台，每一种平台的调性定位和人群属性是不一样的。你要根据自己的课程选题，选择合适的卖课平台。

平台是死的，人是活的，只要符合相关要求，就不排除在多个平台同时销售同一门课程的可能。这也是接下来需要重点学习的核心内容，即如何盘活身边的各种卖课资源，卖更多的课，创造更大的收益。

5.4 卖更多——如何盘活身边的各种卖课资源

我曾在训练营中做过两门课程，一门是如何做课的课程，另一门是如何卖课的课程。做课是一项很复杂的技能，卖课比做课更复杂，它已经超出了技能的范畴，是一项涉及方方面面的系统工程。

我根据如何做课的课程方法论写作了本书。本书的核心是教你如何做课，而不是如何卖课。理论上，如何卖课的课程方法论也足以出一本书了，希望以后有机会写作一本如何卖课的书。

接下来，我要把足以出一本书的内容——如何卖课，浓缩成一小节。我只能为你提供一些方向性的建议，不可能详细展开实操方法论。如果你不能理解这些方向性的建议，那么我要给你打一个"预防针"，从收获干货的角度来看，你可能会觉得本节的内容很"水"。

不过没关系，你可以先把做课的本事学会，再慢慢学习卖课的技巧。

要想把课程卖爆，两个要素很关键，即卖课渠道和销售团队。卖课渠道解决来人的问题，销售团队解决在人来了以后促成成交的问题。

如果你既没有渠道，也没有销售团队，那么不妨学习一些个人卖课的基本套路。总结起来，一共有以下5个套路。

第一个套路：去各大自媒体平台撬流量

用户最有可能成交的地方是你的私域，也就是微信生态里。用户不可能无缘无故添加你的微信，跑到你的私域流量池里。因此，你要先去各大公域流量池，即各大自媒体平台，把目标用户引流到私域，再利用各种销售手段促成成交。

简单来讲，你的目标用户在哪里，你就去哪里展示你的实力。目标用户只要认可你的实力，并在你的巧妙引导下添加你的微信，购买你的课程的可能性就会增加。

我们需要弄清楚以下3个问题。

（1）去哪些自媒体平台撬流量？

（2）撬到流量的前提什么？

（3）在撬到流量后，把流量引流到私域的手段有哪些？

首先，我们来解决第一个问题，即去哪些自媒体平台撬流量。目前，用户规模比较大的自媒体平台有抖音、快手、B站、小红书和知乎。

　　是不是这 5 个平台都要撬一遍呢？我不建议这样做，运营一个平台所耗费的人力、物力和精力成本很高，只要把精力集中在一两个平台上就可以了。

　　选择你要发力的自媒体平台，主要取决于两个条件：该平台有没有新人红利，至少不能对新人"拒人于千里之外"；该平台会不会严重打压私域引流，如果打压得太厉害，无法把流量引流到私域，那么无论前期付出多大的努力，都是在做无用功。

　　根据以上两个条件进行筛选，知乎和 B 站的商业模式是希望在平台内完成交易闭环，近几年开始大力打压私域引流的各种手段，可以排除这两个平台。在抖音、快手和小红书中，只有小红书有新人红利。所以，我力荐用小红书进行私域引流。

　　抖音虽然没有新人红利，但是抖音的用户规模非常大。当你到了一个拥有 8 亿用户的平台，只要你的内容足够精、专，就能吸引一部分用户成交。综上所述，我强力推荐抖音和小红书。

　　然后，我们来解决第二个问题，即撬到流量的前提是什么。前提是你能够在选定要发力的自媒体平台持续输出干货内容，塑造专业、权威的专家形象。从被看见，到被认可，再到促成成交，这个顺序是不会变的。

　　对于大部分人来说，最难的地方在于持续输出干货内容。写一两篇文章、拍一两条视频，很多人能做到。如果要保持每天或至少每周写一两篇文章、拍一两条视频，一些人就不知道要写什么、拍什么了，觉得缺乏内容素材。

　　其实，你的课程就是写文章、拍视频的最佳内容素材。就像拆零部件一样，把课程的某一章、某一节或某一段落"拆"出来，就是一篇文章或一条视频，一门课程可以"拆"出几十条甚至上百条内容。当然，这不是让你直接复制课程内容。内容本身可以是一样的，不过在对内容的表达上需要加入自媒体平台的"爆款基因"，这样才更容易获得平台流量的推荐。

最后，我们来解决第三个问题，即在撬到流量后，把流量引流到私域的手段有哪些。虽然很多平台在打压引流私域，但是这不代表没有一些小技巧。

无论是在抖音还是在小红书中，至少有以下 4 种私域引流的小技巧。

第一种：在账号主页的个人介绍里留下你的联系方式，让粉丝主动加你

平台大数据往往对新人博主有很强的"防范心理"，如果你一注册账号就留下联系方式，那么平台容易把你的账号判定为营销号，被限流甚至封号的风险较大。不过，大数据对有一定粉丝量的博主会"宽容"很多。所以，我建议你不要急功近利，先"熬"一阵，让粉丝量达到 1000 个，再留下联系方式。

第二种：在发布内容里隐晦地植入你的私域联系方式

注意，是隐晦地植入，而不是赤裸裸地引导用户添加你的个人微信号。你可以像植入软广告那样操作，既能躲过平台的审查，也不会让用户觉得反感，效果还特别好，一举三得。

第三种：在置顶内容的评论区留下你的私域联系方式

这种方式很常见，因为评论区是比较容易躲过大数据筛查的安全地带。一般当视频或文章通过审核、正式发布以后，你就可以在评论区留下联系方式了。

在留下联系方式的时候，最好附赠用户添加你个人微信号的"甜头"，如"加微信可领取价值 199 元的体验课"，这样用户会

更有动力。

第四种：使用粉丝群聊功能，在群聊的过程中留下你的联系方式

抖音和小红书都有粉丝群聊功能。粉丝群聊有点像微信社群的群聊，你可以经常在自己的粉丝群里"冒泡"，刷存在感。最重要的是，你要在粉丝群里及时解决粉丝的专业问题，让粉丝近距离感受到你的个人能力和魅力。在这个时候，你可以抛出一句"我们可以加微信私聊沟通这些问题，这样我能更好地回答你"。在这种情况下，很多粉丝会非常愿意添加你的微信。

第二个套路：做个人品牌

现在是个人品牌时代，先打造个人 IP，再增强个人影响力，最后才能将影响力变现。这个套路大家很明白，对于卖课新人来说，这也是成交概率比较大的方式。但是，为什么真正做成的人很少？是因为他们缺少方法论吗？不是的，现在教人做个人品牌的书籍、课程和博主分享的视频有很多，只要你愿意，就可以免费找到很多做个人品牌的实战方法。

做个人品牌最难的地方在于"熬"。就像几乎所有的伟大都是"熬"出来的一样，个人品牌也是"熬"出来的。坚持长期主义，持续输出内容，不断曝光，不断积累个人势能，总有一天会发光发热。然而，一些人没有等到开花结果的那一天，就坚持不下去了。

虽然做个人品牌的变现路径很长，但是一旦做起来之后，卖课的效果会远远超出你的想象。就像飞机一样，在起飞的时候很艰难，一旦飞起来之后，就能轻松翱翔于蓝色的天空。

做个人品牌有两种形式，即自媒体个人品牌和私域个人品牌。

自媒体个人品牌的本质是把自己打造成某个领域的专家博主。举个例子，当猩学堂联合创始人柴桑在抖音上是一名短视频培训博主，虽然只有 1.6 万粉丝，但是她每周都会直播两三次，通过直播卖她的《素人也能火博主必修课》，没费太大力气，每月变现 15 万元以上，并且不需要把流量引流到私域，直接在抖音完成变现闭环。

私域个人品牌的本质是在个人微信生态内打造个人 IP，先通过公众号、视频号、朋友圈等方式持续输出干货和价值，再通过社群、一对一私聊、视频号直播等形式促成成交。

与做自媒体个人品牌相比，很多人更抗拒做私域个人品牌。原因主要有两个：觉得微信是个人的私密空间，想保护自己的隐私，不喜欢在朋友圈频繁介绍课程信息；觉得在微信里卖东西是"杀熟"，拉不下脸，如果朋友有需要，你恨不得免费帮助他们，朋友给你转钱，你反倒会觉得不好意思。

我一直对学员说，微信朋友圈是普通人绝佳的"掘金宝地"。可是，很多人宁愿一边抱怨钱难赚，一边"抱着金饭碗乞讨"，觉得向熟人卖课没面子，甚至担心亲朋好友拉黑、屏蔽自己。其实，那是传统微商的做法。卖课不是做微商，你在为朋友圈的人提供价值，你用课程中的方法论帮助朋友圈的人，以更快的速度或更低的成本获得他们想要的结果，你在为生产力做贡献，你收取的费用是你应得的报酬，哪来那么多的担心呢？

我的一个学员曾经说过一句话，我很认同，她说："我怕亲朋好友拉黑我、屏蔽我，但我更怕因为没钱，亲朋好友都躲着我、远离我。"

和穷相比，拉黑、屏蔽不算什么大事。毕竟，有了经济基础才能谈其他。

当然，我并不是鼓吹为了做个人品牌、赚点钱，你必须付出很大的牺牲。我只是想帮助你突破不敢卖课的心理障碍。

你有没有想过，对于接受过你免费帮助的朋友圈里的人来说，免费的往往是最贵的。他们会欠你一份人情，人情才是世界上最贵的东西。

我曾经在这方面吃过不少"哑巴亏"。之前，我一谈钱就脸红，如果对方对我打感情牌，我就会免费给予对方各种支持。最终，他们一个个离我而去。后来，站在对方的角度分析，我发现至少有以下 3 个原因：我一直不要对方的钱，对方不好意思经常麻烦我；见我不敢收费，对方估计我的水平不怎么样；恰巧市面上有类似的课程，对方直接买其他人的课程就好了，反正我也不卖课。

其实，你光明正大、明码标价卖你的课程，对于自己和买课的人来说，是一件双赢的事情。

对于你来说，对方付钱买了你的课程，你会更加认真对待对方遇到的问题，并想办法帮助对方解决问题。如果对方没付钱，那么你帮一两次还好，次数多了，难免会不自觉地敷衍，效果不好，反而让对方嫌弃。

对于对方来说，他们付了钱，可以心安理得地享受你的服务，随时麻烦你，没有任何心理负担，双方是平等的。这比免费接受你的帮助，感觉低你一等，会轻松很多。

还等什么，赶紧把你研发出来的课程在朋友圈卖起来吧。

第三个套路：在多个卖课平台同时卖课

我们在 5.3 节学习了 4 种类型共 10 个卖课平台。特别是荔枝微课、千聊、喜马拉雅、抖音、腾讯课堂、网易云课堂等平台，不用你辛辛苦苦寻找用户，它们自身就有很多的流量用户。你还可以零门槛、零费用入驻这些卖课平台，不用花费任何成本，能卖一单是一单，能赚一笔是一笔，像"薅羊毛"一样到多个平台"薅"流量用户。

当你研发出一门课程之后，可以放到多个专业卖课平台同时售卖，多点开花。这相当于你只付出了一份时间，用多个平台放大你的时间价值，东方不亮西方亮，曝光量多了，往往能收获一些意外惊喜。

我有一个学员，她研发了一门教人科学收纳、让生活空间瞬间变美的课程。她一开始主打荔枝微课，但是课程一直卖得不温不火。后来，在我的建议下，她把该课程上架到千聊和喜马拉雅，没想到在千聊得到首页的流量推荐，销量一下子就上升了。

当然，我并不是说只要你把课程上架到多个卖课平台，销量就一定能上升。每个平台对创作者的流量倾斜机制是不可控的，就像买彩票一样，如果你中奖了，你就发达了，如果没中，那么也没有关系，反正你也没有因此付出任何额外成本。在多个平台同时卖课的真正作用是增加你的"中奖"概率。

第四个套路：找同领域的 KOL 分销卖课

我们来梳理一下，一门课程从开始研发到学员购买，需要经过讲师做课、流量曝光、销售成交、学习交付 4 个关键环节。

世界上很少有全能型人才，这种人才可遇不可求。更多的人既有自己擅长的领域，也存在明显的短板。

对于讲师来说，做课和学习交付是长板，流量曝光和销售成交往往是短板。而对于很多 KOL 来说，流量曝光和销售成交是他们的长板，做课和学习交付是他们的短板。我见过一些手握几十万粉丝却变现得很艰难的 KOL，因为他们只擅长吸引流量，没有好的产品将流量变现。

讲师和同领域的 KOL 能力互补，可以各取所需，利益共享，这简直是"天作之合"。

与 KOL 相比，讲师是比较被动的一方，KOL 往往掌握更多的话语权。所以，在分配合作利益的时候，讲师可以做出大幅度的让利，把大部分利润让给 KOL。我的学员做出的最悬殊的让利比例是三七分，讲师获利 30%，KOL 获利 70%。

也许你会纳闷，这样分配合作利益，讲师岂不是亏大了？这种观念有点狭隘。其实，讲师才是最大的受益者。

首先，这个分配比例会让 KOL 有更大的动力帮讲师卖课，讲师可以坐享其成。

其次，你把一门课程研发出来，如果卖不出去，它就会"烂"在你的电脑文件夹里，不会产生任何价值。换个角度想，你把一门课程研发出来，之后不需要其他投入，虽然你只能获利 30%，但是这 30% 是实打实的纯利润。把课程视为一种产品，产品利润能达到 30%，已经很厉害了。

最后，一般在做出如此大幅度的让利后，KOL 不会要求独家分销权，即使只有一门课程，你也可以找多个 KOL 为你分销卖课，本质上是以量取胜。这笔账很好算，假设一单赚 100 元，卖 100 单能赚 1 万元；如果你做出大幅度让利，一单只赚 30 元，找 10 个 KOL 来卖课，每个 KOL 卖 100 单，算下来，你能赚 3 万元。哪一种方式赚得更多，一目了然。

找 KOL 合作有两种形式，一种是和 MCN（Multi-channel Network，多频道网络）机构合作，它们旗下有很多 KOL，可以一起为你卖课；另一种是和单个 KOL 合作，你需要亲自和 KOL 谈判。

和 MCN 机构合作比较容易，它们本身就具备商业变现的基因，很容易在合作上达成共识，只要你的课程选题有足够的吸引力，课程内容足够"硬核"，谈判就会很顺畅。单个 KOL 可能比较"矫情"，会和你谈"不想因为卖课而伤害粉丝"之类的情怀。

无论哪一种合作形式，都有一个前提条件，那就是相互平等。如果遇到让你提前交一笔保证金、管理费或合作启动费的情况，那么你一定要小心，这些"合作"八九不离十是诈骗。在谈判时一定要擦亮眼睛，不要落入其他人设计的诈骗圈套。

第五个套路：找培训机构合作引流或分销

一家经过多年深耕的教育培训机构，可能拥有几十万学员资源。如果学员不产生复购行为，那么过多的学员资源反而是一种累赘，毕竟运营成本不低，即使不维护运营，只把他们留在私域，也是一种浪费。

培训机构和学员的矛盾点在哪里呢？学员不可能持续复购同一门课程，即使复购，也会复购不同类型的课程。培训机构有很多学员，要想提高复购率，就必须提供多元化的课程产品线。可是，一个培训机构的课程研发能力有限，不可能同时研发很多课程。怎么解决课程产品线多元化的问题呢？答案是引进合作讲师。

以当猩学堂为例，我们的课程主要分为两种。一种是自研课程，也就是团队研发的课程，另一种是合作课程，也就是和外部讲师合作的课程。

反过来，讲师研发了一门课程，也可以找相关的培训机构进行合作。讲师提供课程和教学服务，培训机构在现有的学员群体里销售课程，最终实现互利共赢。

在找培训机构合作时，讲师要注意自身课程选题和培训机构品牌定位的契合度。例如，如果该培训机构主要是做公考培训的，而你的课程选题是教授美声唱法，那么显然是不合适的。

讲师和培训机构合作的方式主要有以下 3 种。

第一种：培训机构直接给讲师导流学员

在这种合作方式中，培训机构对讲师最大的作用是拉人。讲师想直播卖课，却无法解决拉人的问题，而培训机构最不缺的就是学员，可以把学员直接导流到讲师的直播间。

我们曾经有一个学员，他在上大学的时候是就业协会的会长，掌握了不少可以提供就业机会的企业资源。他在上完我们的课程之后，做了一门大学生就业辅导的课程，并和我们洽谈合作。我们有 20% 的学员是大学生，和他的目标用户极为吻合，并且他的课程内容和教学服务很不错。所以，我们直接招募需要就业辅导的大学生进入他的直播间，让他进行转化成交。

这种合作方式的收益模式有两种，一种是培训机构直接收取流量费用，如培训机构给讲师的直播间导流 1000 人，讲师给培训机构一定的费用。另一种是合作分成制，即从讲师的成交额中抽取合理比例的分成。

第二种：培训机构合作分销讲师的课程

培训机构帮讲师解决流量曝光和销售成交的问题，讲师主要解决课程研发和教学服务的问题。双方扬长避短，合作共赢。这种合作方式和上文提到的找同领域的 KOL 分销卖课的套路是一样的。唯一的不同是，前者卖课的主力军是培训机构，后者卖课的主力军是 KOL。

第三种：培训机构直接买断讲师的课程版权

最后一种合作方式是，培训机构看上了讲师的课程，直接买断讲师的课程版权，将课程纳入它们的课程体系，上架到它们的平台进行销售。

在这种合作方式中，讲师的收益是课程版权费用，至于培训机构怎么卖课、卖得好不好，和讲师没有关系。对讲师而言，这既是最省事的合作方式，也有可能是最亏的合作方式，即使课程卖火了，讲师也无法享受卖课的红利。

选择合作方式的依据是你对自己的课程有没有信心，以及你有没有时间运营你的课程。如果你没信心、没时间，那么让培训机构买断课程版权也挺好，先拿到钱再说。如果你有信心、有时间，那么可以尝试合作分销。

培训机构在买断课程版权时，一般会和你沟通两种选择。一种是分销版权，这等于在该培训机构拥有卖你课程资格的同时，你还可以把课程放到其他平台或和其他机构合作销售。另一种是独家版权，这等于你把课程的命运完全交给了一家培训机构，课程的版权不再是你个人的，而是培训机构的，即使你本人也不能卖，卖了就是侵权。当然，独家版权的价格一般比分销版权的价格高很多。

　　总结一下，我们一共学习了卖课的 5 个套路。虽然这 5 个套路无法让普通的做课新人一下子就把课程卖爆，但是只要选择其中一两个适合自己的套路，实现课程销售的冷启动就没有太大的问题。

　　技能类的书籍大多逃避不了"成功学的魔咒"。本书也不例外。

　　什么是"成功学的魔咒"？健身房广告很喜欢这个套路，先把两张反差效果强烈的照片放在一起对比，然后告诉你健身的效果比整容更明显，没有什么比健身更能拯救你的爱情、事业和自信了。

　　本来，这没什么毛病。可是健身教练为了让你买年卡，鼓吹跟着他学习锻炼，从200多斤的肥胖人士到拥有魔鬼身材的美女，只需要一个月的时间，而且锻炼过程很轻松，真正做到无痛健身减肥。健身教练卖卡的套路就是"成功学的魔咒"：先告诉你一个很低的、很多人够得着的起点，再告诉你一个很高的、人人都向往的终点，最后告诉你，你之所以觉得从起点到终点的过程很难，是因为你没有找到方法，没有教练指导。现在，你跟着健身教练学习30天，胜过自己苦苦摸索3年，紧接着来一句灵魂拷问："难道你不想给自己一次改变命运的机会吗？"

　　由于健身教练先戳中一个"很低的起点"，让你痛苦，然后给你指明一个"很高的终点"，瞬间燃起你的斗志，因此，你毫不犹豫地买了年卡。

在现实生活中存在"成功学的魔咒"吗？当然存在，如果不存在，它就无法塑造一个个成功学的真实故事来吸引人、打动人，你也不可能产生信任，并愿意为这样的故事买单。

成功学的底层逻辑是"幸存者偏差"。在 10 个人中，如果有 2 个人成功了，就把这 2 个人作为成功的范例大书特书，并向你承诺，跟着他们学习，你也可以成为这 2 个人中的一员，却闭口不提失败的另外 8 个人。即使告诉你也没用，因为当你下定决心跟他们一起追逐成功的梦想时，你会很自信、很笃定地想：我为什么不能成为最优秀的 2 个人中的一员？

结果，你往往会成为占比更大的另外 8 个人中的一员。回过头来想一想最初的自信、笃定，你会觉得自己简直太天真了。有趣的是，在大多数天真行为的背后，往往隐藏着美好的愿望。人们的所有行为本质上都是源自积极的意愿，而不是消极的动机。

有了"幸存者偏差"打底，"成功学的魔咒"就可以在"心理距离"上做文章了。

心理距离是心理学的概念，它是指人们对事物的价值感知不是取决于事物的客观大小，而是取决于事物与自己的心理距离。

心理距离有两种表现形式，一种是时间距离，另一种是空间距离。

一件事情从开始到结束，时间跨度往往非常漫长，漫长到让你没有任何具体的感知。这就是心理距离。举个例子，大家很清楚抽烟不好，容易患肺癌。但为什么有人依然天天抽烟，就是戒不了呢？

因为，20 岁开始抽烟，直到 50 岁才可能患肺癌，时间跨度长达 30 年，太漫长了，与抽烟的快感相比，患肺癌的痛苦等到 30 年后再感受吧。如果今天抽烟，后天会患肺癌，那么很可能明天就能把烟戒掉。这就是时间距离的魔力。

"成功学的魔咒"是怎么在心理距离上"变戏法"的呢？其实很简单，主要有两种手段：制造"时间假象"，让"未来"现在就来；制造"空间假象"，让"远在天边"就发生在你身边。

从 200 多斤的肥胖人士到拥有魔鬼身材的美女，两张简简单单的对比照片制造了时间假象。这种假象让你真实地感觉到自己未来成为苗条美女的样子就在眼前。至于在此期间需要经历怎样"地狱式"的魔鬼锻炼，需要流多少汗、吃多少苦，需要哭着咬牙坚持多少次，需要承受多少挑战身体极限的痛苦等最重要的部分，通通被两张照片省略掉了。

本书也不可避免地中了"成功学的魔咒"。为了激发你对做课的兴趣，我不得不对你说做课其实很简单，人人都能做，只要掌握了课程制作全景地图，即使你是做课小白，也能 10 分钟搭建一门课程的框架，1 天制作 12 节课程。从倍感吃力到毫不费力，你只需要一本《人人都能做一门好卖的课》。

能够 10 分钟搭建一门课程的框架，1 天制作 12 节课程的人，无疑是做课高手。从小白到高手，你还需要经历 N 次刻意练习、N 次失败的煎熬、N 次迭代的痛苦。但是，我无法告诉你这些。

如果我告诉你，为了学会做课这项技能，你在接下来的两个月内需要牺牲刷抖音、玩游戏、K 歌、蹦迪的时间，把这些时间都用来学习，在学习期间还要忍受"破茧成蝶"的痛苦，那么你心里肯定很不舒服，继续刷抖音、玩游戏、K 歌、蹦迪，该享受的一样都不落下。

我非常理解这些人，毕竟，学习本来就是一件很困难的事情。当我劝某个人要好好学习的时候，表面上，我对抗的是那个人的不思进取，实际上，我对抗的是人性。在人性面前，我能力有限，所以在大多数时候，这种对抗是以失败告终的。

不过，我并不觉得挫败。不是所有人都要像周星驰一样，对着大海呐喊"努力！奋斗"，之后便开启一段草根逆袭的人生。我们可以"允许"不思进取，只要"不思进取"这件事不会困扰你，不会让你焦虑，只要你对"不思进取"的态度是健康的，那么进不进步有什么关系？你学不学做课、会不会做课，又有什么关系？

既然如此，那么本书的价值在哪里？至少对以下两类人来说，本书是很有价值的，即想知道怎么做课的人，以及真正想掌握做课方法论的人。

这两类人看本书的动机来自两种反馈闭环，分别是"知道反馈闭环"和"做到反馈闭环"。这两种反馈闭环的思维模型出自《认知觉醒》这本书。

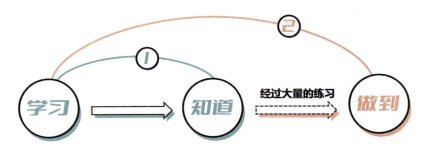

（1）"知道反馈闭环"：你了解了某项技能是怎么回事，也就是到达了"知道"阶段。你得到了正向反馈，于是你觉得很开心，

因为你掌握了一门新知识，刷新了自己的认知。但是，当你止步于"知道反馈闭环"的时候，你很容易变成"知而不行"的人，凡事仅仅满足于"知道"，行动力弱，简单来讲就是"思想的巨人，行动的矮子"。

（2）"做到反馈闭环"：该闭环建立在"知道反馈闭环"的基础上，经过大量的练习，通过不断探索和实战，最终达成"做到"的结果。这时候，你得到了关于"做到"的正向反馈，即你能把一件事情做出来，给你的工作或生活带来实实在在的改变，成功的喜悦溢于言表，你觉得成就感爆棚。

例如，你花了3小时把本书看完了。你非常激动，觉得收获颇丰。你知道了如果要做一门小课，只要有 CASST 模型就够了，如果要做一门大课，只要掌握课程制作全景地图的5个核心要素就够了。这就是"知道"阶段的反馈闭环。

"做到反馈闭环"应该是这样的：你运用 CASST 模型尝试开发了一门小课，运用课程制作全景地图尝试开发了一门大课。在此期间，你既可能会遇到无从下手的挫败，也可能会经历获得成功的喜悦。

看完本书的人可能会处于以下3种状态。

第一种：觉得本书没什么用，白白浪费了自己3小时，这3小时拿来玩游戏、运动、约会不好吗？可能还不忘到豆瓣或知乎给个差评，或者在评论区批评几句。

第二种：仅仅知道了做课是怎么回事，但没有尝试做一门课程。不过，这并不影响你在和他人聊天的时候，侃侃而谈做课的模型和方法，收获他人投来"你真厉害"的眼光，因而认为本书有很强的社交货币价值。

第三种：真的能做出来一门好卖的课程，甚至在做课的过程中，用实践证明我的做课方法论并不可靠，总结了一套属于自己的做课方法论，并以颠覆我的做课方法论为荣。

无论你现在处于以上 3 种状态中的哪一种，我都乐意接受。因为对我来说，你能看本书，这本身就是一件令我欣慰的事情。

在本书的结尾，我还有一个诚恳的小福利送给你。

我现在是女性商业教育领先品牌——"妈妈不烦"的课研经理。在做课过程中我发现，最好的商业变现方式，就是打造个人品牌。而这刚好是"妈妈不烦"的强项，在过去 3 年时间里，"妈妈不烦"帮助 30 多万女性通过打造个人品牌，实现了商业变现，其中有不少就是通过课程变现的。

为了让你在课程变现的道路上少走弯路，我很愿意赠送你一门"全方面打造个人品牌，通过影响力变现"（入门版）的课程。

现在通过微信扫描下方二维码，输入"个人品牌"，即可免费领取这个福利，也许你的课程变现之路从这里开启。